相性を
知る本

橙花の数秘占い

橙 花
TŌKA

すみれ書房

はじめに

これはただのリンゴです。

「ふつう」のリンゴです。

このリンゴが「ふつう」に見えるのは、

あなたが「自分メガネ」をかけているからかもしれません。

自分メガネ

それを、「他人メガネ」に変えてみたら……

「変な」リンゴに見えるでしょう。

さらに、「他人メガネB」というメガネに変えたら、

それはもはや、リンゴですらないかもしれません。

ごあいさつが遅れました。私、橙花と申します。カバラ数秘術を研究している者です。このたびは、『相性を知る本』を手に取ってくださり、ありがとうございます。

　「相性」というと、思い浮かべるのはやはり恋愛関係。「大好きな○○君との相性がいいか悪いか知りたい♥」というやつですね。
　でも、本書は少しだけ違います。

　この本は、数秘の知識を使って、人間関係の悩みを軽くすることを目的に作られました。
　羽が生えたように心と体が軽くなればいいな！と思っています。

　私は日々、鑑定を通じて多くの人のお悩みを伺う機会があるのですが、ほとんどの悩みが人間関係についてのものです。

　そして、単なる「事実や現象」が「悩み」となってしまうのは、自分の「ふつう」が世界の「ふつう」だと当たり前のように考えていて、ふつうではない人に出会うと、「相手に変わってほしい」と思ってしまうからだと気がつきました。

　そこで冒頭のリンゴです。

　自分の「ふつう」は、他人の「異常」（笑）。
　自分と他人は、ぜんっぜん違うのです。

数秘という数字の占いを学ぶと、たくさんの「ふつう」があることに気がつきます。

　自分を知り、相手を知り、相性を知る。

　知ったあと「欠点を直そう」とか「人の目を気にしないようにしよう」なんて、変える必要はありません。知るだけでいいのです。（自分を変えることすら難しい。まして他人を変えようなんて、たぶん不可能だと思うのです）

　数秘を通じて、自分と他人の特徴を知るだけで、自然と行動は変化します。

　職場のいやなやつが「さみしい人」に見えてくるかもしれません。

「自分の弱さ」を知って、自身をいたわることもできます。

　自分が言われてうれしいことも、相手にとっては「傷つく言葉」や「うっとうしい言動」かもしれない。

みんなが、リンゴをおいしく食べられるように、
ひとりひとりに真心が伝わるといいなと願っています。

CONTENTS

第1章 3つの数字を知る

第3章

あの人を知る

第4章　相性大事典

第 5 章　橙花からの手紙

人間関係に悩んだときに

イラストレーション ● 小幡彩貴

ブックデザイン ● アルビレオ

校正 ● 鷗来堂

第1章

３つの数字を知る

Known
the three numbers

「しんどさ」から数秘の道へ

　私はふだん、店舗デザイナーとして、働いています。

　独立してから今年で25年。浮き沈みの激しい世界で、よく生き残れたものだと、自分でも驚いているほどです。

　設計の仕事を長く続けてこられたのは、数秘を学んだことが関係しています。

　店舗デザイナーの仕事は、施主であるお客様の要望を聞き、デザインを起こしてプレゼンをすることから始まります。

　起業した当初、このプレゼンがしんどくてたまりませんでした。というのも、一発目の図面を提案するとき、

「全然だめだ」

「わかってない」

　という手痛い評価を受けることがとても多かったからです。

　相手が求めるものが、まったくわからない。

　自分が「いい」と思って提案するものが、なぜ受け入れられないのか。

　逆に受け入れられたとしても、なぜそれが「いい」とされたのか。

　とにかくわからないことだらけで、力不足に悩み苦しむ日々が続きました。

　施主の心がわかる、魔法のような方法はないだろうか。

　そう考えてまずはコーチングを習い、カラーコーディネイトやカラーセラピーを習う途中で、カバラ数秘術と出会いました。

　私自身、コミュニケーションのつまずきから、カバラの道へ入ったのでした。

数秘が人間関係に「使える」理由

　ある会社で28歳の若手が部長職に抜擢されました。「鍵の数8」の男性です。彼は、昇進してはじめての面談で、同じ部署の「鍵の数33」の先輩にこう言ったのです。

「私が部長になったことで、○○さんも悔しいお気持ちがあるとは思いますが、一生懸命がんばりますのでよろしくお願いします」

　33の男性はポカンとしています。

「面倒なことを引き受けてくれて助かった。うれしい〜。ありがとうございます！」

　これが本心だったからです。
　〔8の人〕のほうにも悪気があったわけではなく、精一杯の気づかいから「悔しいお気持ち」という言葉が出た様子でした。
　同じ現実でも「悔しい」「うれしい」、180度違うわけです。

　このように、まったく同じ出来事が起こったとしても、

・「どうしよう！　やばい！」と焦る人
・「あいつのせいだ！　ゆるせない！」と他人を責める人
・「それが何か……？」とたいしたことないので気にも留めない人
・「やった！　チャンス！」と喜ぶ人

・傷ついて泣く人

　などなど、反応は人それぞれに違います。

　もしもあなたが人間関係の悩みを抱えているとしたら、自分と他人はまったく違うことを理解したほうがラクです。

　違いを知らなければ、永遠に「相手が悪い」という言い方になります。そして「相手を変えたい」と思ってしまいます（性格によっては、「自分が変わらなくては」と思うかもしれません）。

　「相手を変えたい」という思考の方向性は、自分自身を傷つけます。

　相手は絶対変わりませんから。

　また、嫌いな相手、自分を悩ませる相手に対して、
「なんでそんなことするの？」「信じられない！」
　という言葉が出ませんか？
「なんでそんなことを？」「信じられない！」と言うのは、自分がスタンダードだと思っていることの証です。
　多くの人が自分を「ふつう」だと思い、その「ふつう」からはずれた相手を、ストレスに感じます。「イヤだ！　嫌い！」という感情もそこから生まれます。
　橙花式数秘術は、相手や自分を変える魔法ではなく、「知ることでラクになる」ものです。

　数秘は長い歴史があるとはいえ、科学的根拠のない「占い」です。

　でも、この人はこんなタイプかもしれないと「知る」ことは、自分のふつうが相手のふつうではないことに気づくきっかけになります。

人の「核」をつかむヒント

　話を私自身のことに戻します。

　数秘を学ぶ前の私のデザインは、相手が自分とまったく違うということを前提とせず、「いまふうに」と言われたら、「自分が思う『いまふう』」を出し、「こんなデザイン、ダサい」と言われたら、「自分が思うかっこいいデザイン」を、自分の正しさをもって提案していたのでした。

　数秘を知って、自分の当たり前が相手の当たり前ではないことを学んでから、少しずつ仕事のコミュニケーションが変わり始めました。

「当たり前」ではないから、相手の話を聞くようになりました。話をよく聞き、自分にない部分を想像していくと、だんだんとその人が持っている「核」みたいなものがわかってきます。

　すると、出したデザインに一発でOKが出ることが増えてきました。

「核」とは、その人が何を大切にするかというようなことです。

　デザインだけでなく仕事の進め方も、「この人は〔4の人〕ぽいな」

と思ったときは、納期や数字関係の要望を先に聞き、最初に見通しを立てた上で進行します。「〔9の人〕かな？」という相手には、打ち合わせの回数を増やして密にコミュニケーションを取り、小さな気持ちまで見逃さないよう心がけます。

　数秘は生年月日から割り出します。よほど親しい相手ではない限り、生年月日を聞くことは難しく、クライアントの数字を調査して対策を練ったわけではありません。

　ただ、傾向を見て、「もしかしたら、この数字かな？」と想像するだけで、仕事がやりやすくなりました。

　いまでは、仕事で人間関係のストレスを感じることはありません。あんなにつらかったのに。

生の声から培った数秘

　カバラ数秘術を勉強して趣味で人を占っていたところ、「あなたは占い師になりなさい！」と勧めてくれる方がいました。その方が「橙花」という名前をつけてくださり、お金をいただいて鑑定をするようになりました。

　気がついたら数秘に出会ってから17年の歳月が過ぎ、いままで鑑定した人数は、5000人以上にのぼります。

　この鑑定経験なしに、本は書けませんでした。本書に記したことはすべて、実際にお会いしたクライアントの、たくさんの生の声から導き出した私なりの統計値です。毎日毎日、アップデートしています。時代の変化によっても数字の在り方が変わります。

　鑑定にほとんど来ない数字の方がいます。〔22の人〕です。確率的にも珍しい数字で（1983年〜1999年生まれまではいない）、性格も占いに頼るタイプではないためか、ほとんど鑑定の申し込みがありません。前著『自分を知る本』を書くときは知り合いを通じて何人もの〔22の人〕をご紹介いただき、私なりの「22像」が見えてきてやっと原稿にすることができたほどです。

　あれから鑑定数はさらに増えましたが、「22×22」「22×2」「22×3」の組み合わせは実際にお目にかかったことがなく、歴史上の人物や芸能人を研究して原稿にしました。ご承知おきください。

占いを「道具」としてうまく使う

　占いってなんだろう、と考えたときに、「生活の道具」というのがいちばんしっくりきます。

　ある中学生が、
「数秘を知ってから、苦手な人を少し好きになれた。新学期が怖くなくなった」
　という感想を伝えてくれました。

　全員の生年月日を書いて自己紹介をするパソコンの授業で、苦手な友だちが、〔11の人〕だと知ったそうです。強引で圧の強い〔11の人〕ですが、「人のためによかれと思ってやっている」と数秘で学び、苦手意識がなくなったとのこと。まさに「知る」だけで変わった例です。

人間関係の悩みにおいては、一生懸命考えても、突破口が見出せないときがあります。そんなときに、「合わない人は合わない。しょうがない」と受け入れることが、あたたかい人間関係のスタートになったりします。

　少なくとも「なんでこうなの!?」「変わってほしい！」と思っているよりは、未来があるでしょう。

　占いは絶対ではありません。

　私自身に霊感やサイキックなパワーがあるわけではありません。

　だれかのオーラが見えたこともありません（笑）

「当たる、当たらない」ではなくて、日々の気持ちを明るくするきっかけになればいいなと思います。

人生と本質を読み解く「3つの数字」

橙花式カバラ数秘術では、人は生まれながらに「3つの数字」を持つと考えます。これらはすべて「誕生日」によって決まります。

人は偶然生まれ落ちたのではなく、その日を自分で選んで生まれてきているのです。3つの数字を橙花式では、①鍵の数、②魂の数、③使命数と呼びます。

①鍵の数　人生のメインストーリーをあらわす数字

②魂の数　0歳から12歳くらいまで強くあらわれ、その後も人生
　　　　　の土台となる数字

③使命数　40歳すぎからあらわれる人生のミッションとなる数字

①は文字通り、人生の「鍵を握る数字」。考え方や意志をあらわします。

②の「魂の数」は、「(直近の) 前世をあらわす数字」とされます。前世の記憶が今生にも残っていて、それが幼少期にあらわれるのです。思春期あたりで、「鍵の数」に切り替わる人が多いのですが、最近、鑑定を通して、「魂の数」がかなり色濃く残っている人が多いなという印象を持っています。

③は、「宿題」の数字。今回の人生でクリアすべき課題があらわれています。ほとんどの人は40歳すぎから課題に向き合う傾向が出てきて、「使命数」の意味を自覚できますが、もっと若いころか

らあらわれる人もいます。本書では使命数には触れていませんので、くわしく知りたい方は『増補版　自分を知る本』（すみれ書房）を参照ください。

　本書は基本的に「鍵の数」で見ていきます。

鍵の数と魂の数、どちらがピンときますか？

　数秘の教科書には、「鍵の数」が70％、「魂の数」が30％を占めると書かれています。だいたい12歳くらいに切り替わるとされているので、私も鑑定を始めたころは、「魂の数」を子どものころの性格をあらわす数字として扱っていました。しかし、ここ最近、どうも違う場合が多いぞ、という気がしています。

　「切り替わった年がはっきりわかる」という人もいれば、30歳を過ぎても「魂の数の要素しかない！」という人もいます。
　「魂の数は思春期に鍵の数に切り替わると言い切れないのではないか？」
　そんな疑問を抱きながら鑑定していくと、切り替わらない人について、親との関係が少なからず影響しているということが、なんとなくわかってきました。

　子どものころは、親（特に母親）の考えをそのまま世界の定説のように信じていることが多いと思います。
　たとえばこんなことです。

「学校では友だちを作ろうね」
「目上の人に礼儀正しく」

「学校では友だちを作ろうね」と言われても、ひとりで本を読んで
すごしたい子もいます。
「目上の人に礼儀正しく」と言われても、尊敬できるかどうかはど
んなに幼くても自分で決めたい子もいます。

　親も子も違う人なので、価値観が合致しないのは当然のことです。
多くの人は思春期を迎えたころ、精神的な模索を通じて、自分を確
立していきます。

　思春期に一度親の価値観を否定し、「自分はこう思う。親とは違う」
ということに向き合わないまま大人になった場合に、子どものころ
の数字、つまり「魂の数」を生き続けていることが多いような気が
しています。今生の自分（「鍵の数」）になる前の自分を引きずって
いると言えます。あくまで鑑定による私の感覚ですが。

　次ページからの計算で数字を占ったあと、第2章に進み、「鍵の
数」と「魂の数」のどちらがピンとくるか、両方のページを読んで
考えてみましょう。「自分のメインはやはり鍵の数だな」「あの人は、
魂の数に書かれていることのほうが、ピンとくるな」というふうに
読み進めていってください。
　とはいえ、大多数の人が鍵の数と魂の数がブレンドされているの
で、どちらか片方ではなく、両方を参考にされることをおすすめし
ます。

自分の数字を
出してみよう

1 鍵の数

誕生日の西暦、月、日の数字をすべて分解して、順番に足していきます。
2ケタになったら、また分解して足すという作業を繰り返します。必ず左
から順番に足してください。

> 例）1985年 8月 24日

❶ すべてを分解して1ケタの数にして左から順番に全部足していきます。

$$1+9+8+5+8+2+4=37$$

❷ 37をまた分解して1ケタにして足します。

$$3+7=10$$

❸ この10をまた分解して1ケタにして足します。

$$1+0=1$$

❹ この方の「鍵の数」は〔1〕です。

＊❷で1ケタの数字が出た場合は、そこで終了です。
＊❷までの過程で、〔11〕、〔22〕、〔33〕になった場合はそこで終了です。

> 例）1975年 8月 12日

$$1+9+7+5+8+1+2=33$$

ここで終了です。この方の鍵の数は〔33〕です。

あなたの鍵の数は

2 魂の数

誕生日を分解して1ケタにして足します。11日・29日生まれの人は〔11〕です。22日生まれの人は〔22〕です。それ以外の人は計算してください。

例）24日

$2＋4＝6$

この方の魂の数は〔6〕です。

＊足して11になったらそこで終了です。

あなたの魂の数は

3 使命数

誕生日の月、日を分解して順番に足します。

例）8月 24日

❶$8＋2＋4＝14$

❷$1＋4＝5$

この方の使命数は〔5〕です。

＊途中で〔11〕になったらそこで
　終了です。

例）10月 19日

$1＋0＋1＋9＝11$

ここで終了です。
この方の使命数は〔11〕です。

あなたの使命数は

大切な人の数字を
出してみよう

		さん	年	月	日生

鍵の数	魂の数	使命数

		さん	年	月	日生

鍵の数	魂の数	使命数

		さん	年	月	日生

鍵の数	魂の数	使命数

		さん	年	月	日生

鍵の数	魂の数	使命数

		さん	年	月	日生

鍵の数	魂の数	使命数

第 2 章

私はどんな人？

What kind of
person am I?

もう、無理するのはやめよう

　相性を知る前に、まずは「自分を知る」ことが大切です。

　この章は「私がどんな人なのか」を知る章です。28〜29pで出した「鍵の数」があなたの数字です。「魂の数」もあわせて読み、ピンとくるほうを参考にしてください。

　長年鑑定をしてきて、多くの方が「自分を知らない」ことに驚きます。みなさんの自己像を見つめてみると、

・だれかが決めた「こうあるべき」に合わせようとしたもの
・「周囲からこう見られたい」という願望

　であることが多いようです。

「自分ってこういう人」という認識が自分自身の本質とあまりに違ってしまうと、こんなことが起こります。

　ツバメなのに、泳ぎの練習をしている。
　イルカなのに、飛ぶ練習をしている。

　ツバメの体は泳ぐようにはできていません。
　イルカの体には翼がありません。

　つまり、持って生まれた才能を生かせないのです。
　何より、努力の方向性が間違っていると、すごく苦しいはずです。

　自分を知ることで、もう無理をやめませんか？

　いまの職場がつらいなら、どうしてもその仕事があなたに合わないのかもしれません。

　好きだな、惹かれるなと思うことになぜか躊躇してしまうのは、「自分を知らない」ことが理由かもしれません。

　イルカがツバメになれないように、自分以外の人にはなれないけど、自分に興味を持って、自分を生ききるというのは、楽しいことだと思うのです。

　「自分」の取り扱いについては『増補版　自分を知る本』に詳説したので、本章では要点だけお伝えします。3章の「あの人を知る」とあわせて読んでいただけると、より理解が深まると思います。

11、22、33のゾロ目チーム

　私は「鍵の数」を1〜9と、11、22、33に分類しています。

　なぜ11は2、22は4、33は6としないのでしょうか。これらは似てはいるのですが、本質的なところで違いがあるのです。

　11、22、33のゾロ目の数字の人は、お役目を与えられているといわれています。

　お役目とは、大きな意味での人助けです。

　〔11の人〕は自らの行動ですばやく具体的に目の前の人を助けます。〔22の人〕の人助けは、物事を長いスパンでとらえるところに

特徴があります。「いますぐ目の前の人を助ける」〔11の人〕に対し、〔22の人〕は、じっくりと時間をかけて何年も先の成功を目指して行動するタイプです。

〔33の人〕は「受け入れる愛」。11や22のように具体的な行動をするわけではありません。執着が希薄でどんな人に対しても「ゆるす」感覚があるため、〔33の人〕の存在自体が他人を肯定し、助けになるようなのです。

　また、ゾロ目の人の特徴として、大きな仕事や大変な役目を「ふつうの、当たり前のこと」としてとらえるという点があります。はたから見て大ごとに思えることでも、本人はいたって平常心なのです。

〔11の人〕は捨て身で人を助けますが、本人に人助けの自覚はありません。〔22の人〕の場合、「大ごと」のスケールが非常に大きいようです。たとえば、1日20時間働いて「がんばりどきだから当たり前」と平常心でいます。沖縄から北海道へ引っ越しを決めて「仕事のためだから当たり前」とさっさと移動してしまいます。

　もちろん、いっしょにいる人にとっては当たり前ではないので、パートナーや家族は大変です。

ゾロ目家系

　親や兄弟など血のつながりのある関係のなかで、11、22、33といったゾロ目の数字の人がいないか確認してみてください。私が長く鑑定をやってきて感動したことのひとつに「数秘は遺伝する」という

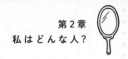

事実があります。

　たとえば思慮深い家系（8や9）とか華やかな家系（3や5）とか、持って生まれた数字を見ただけでその家系の雰囲気がわかります。

　それはたとえば背が高い遺伝子とか色白な遺伝子のような体の特徴と同じです。顔形が似ているように数字も似ていたりするのです。

　そのひとつにゾロ目の遺伝子があります。ゾロ目というのは天から特別にお務めを与えられているということなのですが、家族の数字をたどっていると、ゾロ目がたくさん出てくる家系というのがあります。母方か父方かのどちらかに集中して出てくる場合が多く、ドラマティックだなーとなぜか感動してしまいます。

「相関図」はみんなで楽しんで

　2章には本邦初公開！数秘相関図を載せました。

　この図は、3年ほど前からひそかにあたためていたものです。

　数字ごとの関係性をひと言であらわすことで、みんなでワイワイと楽しめたらいいなと思い、作りました。

　友だち同士や家族で、笑いながら読んでほしいです。

の人はどんな人？

1

純粋無邪気な
6歳の男の子

　〔1の人〕はすべての数字のなかでもっともシンプルでわかりやすい人です。気持ちがまっすぐで喜怒哀楽がはっきり顔に出るタイプ。エネルギッシュでスピーディー。正義感が強く純真で、一直線に自分の目標につき進みます。嘘がつけないので思ったことを率直に言います。場の空気を読まないし、忖度などしません。自分にも他人にも正直であることを要求します。

　危険を顧みることなく未知の分野に突っ込んでいく勇気を持っています。

1 の人はどんな人？

誠実が服を着て
歩いている

陰口を言ったり、相手の様子を見て
意見を変えたりすることを卑怯だと
考えます。言っていること＝やって
いること＝考えていること。言葉に
も表情にも嘘がなく信用できる人で
す。正義感が強く情に厚いので、仲
間から慕われます。

わかりやすく
威圧的

ダメ出しをするときにも大声でスト
レート。相手は怖くて震え上がるか
もしれません。〔1の人〕は自分が怖
がられているとは気がついていませ
ん。いつも自分が主役で人の話を聞
いていません。反対意見を受け入れ
る素直さはありますが。

人 付 き 合 い の 特 徴

- 人間関係に裏表なし。好きな人には目がキ
  ラキラしてしまうし、嫌いな人には敵対心
  をむき出しにする。

- 横暴だ！　勝手だ！と誤解されがちだが、
  言っている内容をよく吟味してみると実に
  思いやりのある考えを持っていることがわ
  かる。

- 純粋なのですぐ人を信用して裏切られる。
  「信頼と裏切り」は〔1の人〕の人生におけ
  る重要テーマ。

声が大きくて、
笑い方も派手

1 の人に幸運をもたらす人

2の人　包み込むようなやさしさと落ち着いた雰囲気で母性愛を与える。

11の人　物事を冷静にとらえて、

　　　　パニクりやすい〔1の人〕を深くフォロー。

5の人　インスピレーションをくれる。

22の人　大きなチャンスをくれる。

1 の人に気づきを与えてくれる人

7の人　物事を考える深度は、〔1の人〕の倍以上の深さ。

9の人　真逆な価値観で思考に新たな光を当てる。

1の人　鏡のように自分を映し出し、おのれを振り返るきっかけに。

1 の人にとって仕事上のメリットがある人

4の人　小さなことに動じず実務に長けている。

6の人　こまかいことに気がつき対外的に最善のプレゼンをしてくれる。

1 の人の恋の相手

3の人　5の人　個性的で自由な振る舞いに翻弄される。

1の人　おたがいに努力していくなかで気持ちがよりそう。

6の人　洗練されたビジュアルにひと目惚れしてしまうかも。

8の人　志の高さに尊敬から恋に落ちる場合あり。

1 の人を悩ませる人

33の人　まさに「のれんに腕押し」でイライラしてしまう。

9の人　会うたびに意見が変わって信用できない。

8の人　政治的思考により、意見をはっきり言わないので。

1 とほかの数字の関係は？

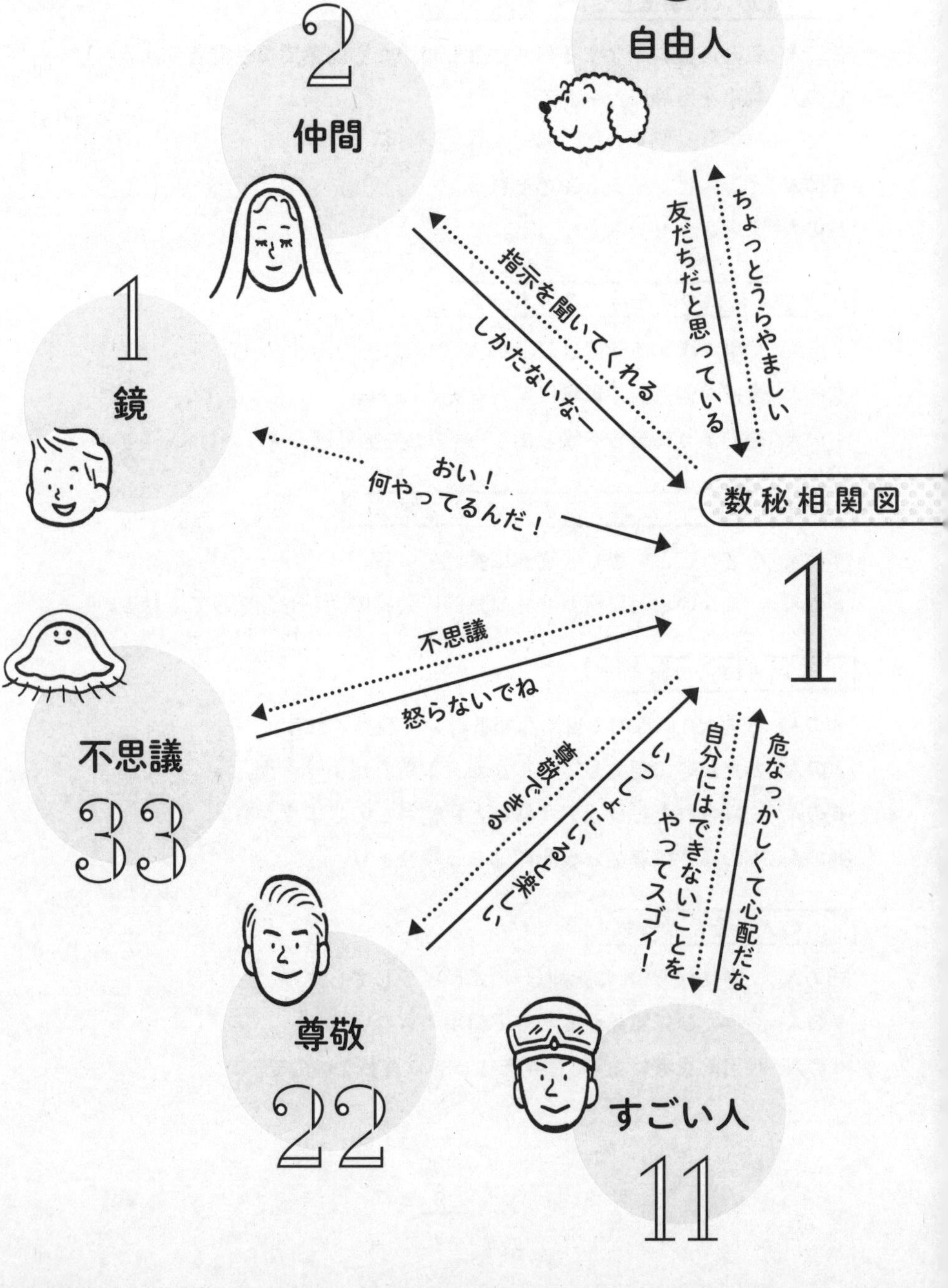

2 仲間

3 自由人

1 鏡

数秘相関図

ちょっとうらやましい

友だちだと思っている

指示を聞いてくれる

しかたないなー

おい！
何やってるんだ！

1

不思議

怒らないでね

不思議 33

自分にはできないことをやってスゴイ！

危なっかしくて心配だな

尊敬 22

すごい人 11

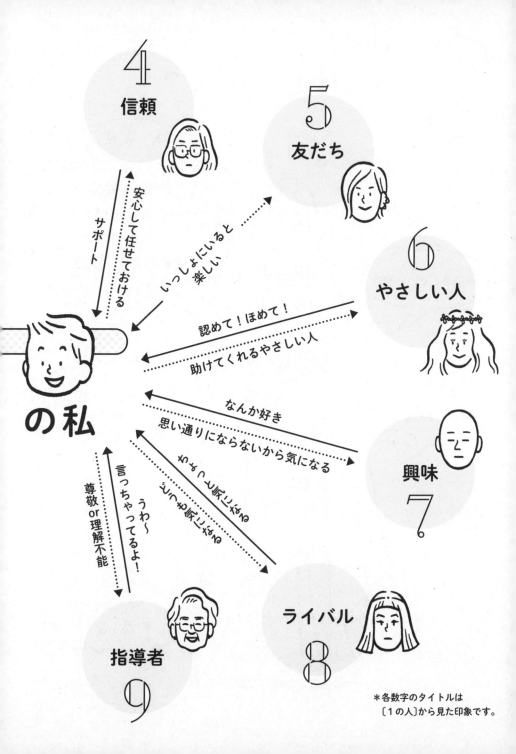

*各数字のタイトルは
〔1の人〕から見た印象です。

2 Two
の人はどんな人？

KEYWORD

母性愛　共感
がまん強い
こまかい作業
愛を与える　繊細
愛される

私はあとでいいです

私がしましょうか？

「…………」
（言いたいことが言えず
がまんする）

いつもこまやかな
気づかいをする

特別な「愛と癒しの力」を持つ

　慈愛にあふれる人。〔2の人〕がいるだけで、だれもが安心できます。いつも上品でさりげない気配りをします。愛と癒しの空気で場を満たすことができる人です。人並みはずれた共感力の持ち主で、目の前の人のつらさや悲しさをリアルに体感します。それは特別な能力なのですが、時にあまりのつらさに逃げ出したくなることもあります。現状を変えることよりもその場を離れることを選ぶのは、だれかを傷つけたくない〔2の人〕のやさしさなのかもしれません。

2 の人はどんな人？

長所

人の心に
よりそう

「だれかを助けること＝生きること」。困っている人や悲しみに沈む人を見かけると、なんでもしてあげたいと思います。また、美意識が高く、エレガントな雰囲気なので、やさしい性格と相まって、はかなく甘い「初恋の人」のような美しさがあります。

短所

優柔不断で
人のせいにする

自分の意思で動くより、流れに身を任せて生きていく人。ですからうまくいかないような場合には、結果として人のせいにすることになります。困難に立ち向かうにはやさしすぎるため、人任せにして乗り切ろうとする部分があるのですね。

人付き合いの特徴

- 人との関係を最重要に考える。
- 人が傷つかないよう気をつかいすぎて、言動を常にコントロール。がまんしすぎな面も。
- 人を伸ばすことで自分自身が伸びるので、研修業務や教育分野が向いている。
- 共感力が優れすぎていて人の痛みを受け取りやすい。仕事とプライベートを意識的に線引きしないと体を壊す。

あなたが喜んでくれたら、わたしもうれしい

44

2の人に幸運をもたらす人

3の人 自分の愛情を素直に受け入れてくれる。

1の人 はっきりと意思を示してくれるので
気をつかわなくていい。

8の人 奉仕のしがいがあるポテンシャルの持ち主。

33の人 いっしょにいると、あたたかい気持ちになれる。

2の人に気づきを与えてくれる人

9の人 情報をいろいろ与えてくれる人。よくも悪くも。

2の人 共感し合い、助け合う関係。

11の人 同じ志を持つが、自分にはない勇気を持っている。

2の人にとって仕事上のメリットがある人

5の人 明るく気軽な雰囲気を作ってくれる。

22の人 厳しいことを言わなければならない場面で、担ってくれる。

2の人の恋の相手

どの数字でもOKです。〔2の人〕の恋は愛されて始まります。

2の人を悩ませる人

4の人 かたくなで〔2の人〕の好意を無視したりする。

6の人 〔2の人〕と言動がかぶることが多く、煙たがられるかも。

7の人 クールなので、〔2の人〕の好意を
面倒だと思われてしまうかも。

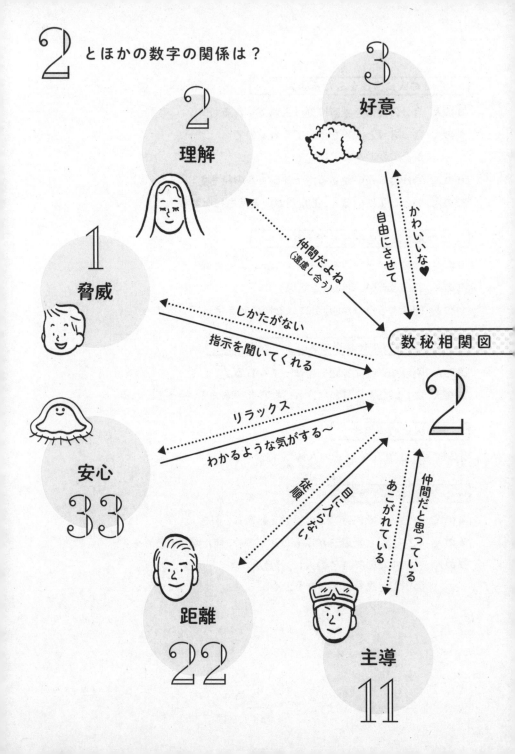

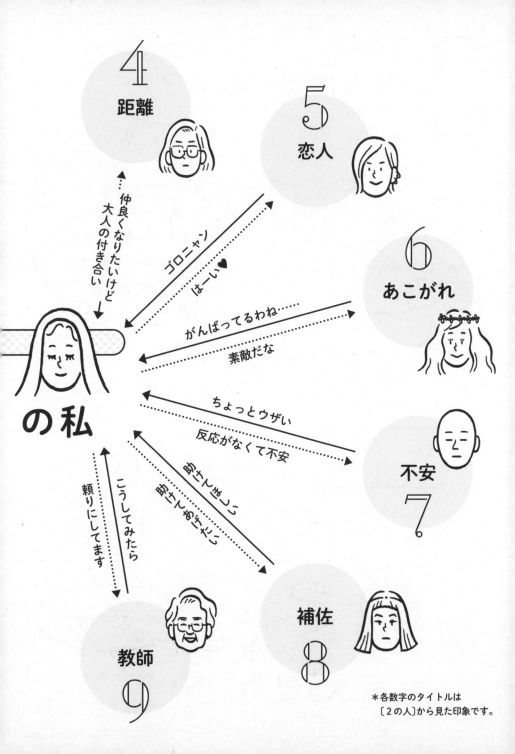

4 距離

5 恋人

6 あこがれ

の私

仲良くなりたいけど
大人の付き合い

プロニャン

はーい❤

がんばってるわね……

素敵だな

ちょっとウザい

反応がなくて不安

助けてー

助けてー

こうしてみたら

頼りにしてます

不安
7

補佐
8

教師
9

*各数字のタイトルは
〔2の人〕から見た印象です。

3 Three

の人はどんな人？

みんなが
大好きな子犬

　無茶をするけど結局うまくいく。メイワクをかけても結局ゆるされる。生まれながらの愛されキャラです。愛されていることを知っているので、小犬のように無邪気で天真爛漫、気まま＆自由に振る舞います。他人にどう思われているかなんて気になりません。持って生まれた運のよさを信じて、人生を思いきり楽しむことが何より大切です。がまんすると運が逃げていくので苦労は避けましょう。「やりたいことを、やりたいときに」が〔3の人〕の合言葉です。

3 の人はどんな人？

長所

「ワクワク感」を
与える

光の玉のような人です。いっしょにいる人を明るく照らします。あなたが笑えばみんなも笑い、ワクワクと楽しい空気が充満します。語学や芸術などの才能に恵まれている人も多く、特に声に魅力があるので、「話す仕事」が向いています。

短所

気まぐれな
お天気屋

気分で動く人です。急に「旅に出る！」とか「気分が乗らないからもうやめる！」とか言い出して周囲を翻弄します。また大人の事情で思うように動けないような場合には、イライラして八つ当たりをすることも（それもゆるされますけどね）。

人付き合いの特徴

- 〔3の人〕は自分の喜びを人に分け与える。うれしい気持ちを人と分かち合える（怒りもまたシェアするが）。
- 子どもが大好きで、仲間として同等に付き合える。
- 意見されたり、支配されたり、ルールを押しつけられるのは大嫌い。
- 気持ちの切り替えが早く、くよくよしないため、他人の悩みがよく理解できないことも。共感力がないと思われることがある。

私の友だち。
年の差関係ないよ！

┃ 3 の人に幸運をもたらす人 ┃

9 の人 若い人の世話をすることがうれしい人なので。

8 の人 金銭的な援助をしてくれるかも。

3 の人 いっしょにいるとパワー倍増! 何も怖くない!

33の人 自由にさせてくれ、応援してくれる。

┃ 3 の人に気づきを与えてくれる人 ┃

5 の人 会うとテンションが上がって発想が豊かに。

6 の人 情報通で新しいものへアンテナを張っている。

1 の人 強い意志と忍耐力を体現してくれる。

┃ 3 の人にとって仕事上のメリットがある人 ┃

11の人 3 のポテンシャルをほめながら引き出してくれる。

22の人 3 の能力に賭けて大切な仕事を任せてくれる太っ腹の持ち主。

7 の人 仕事では 3 のよい部分だけを抽出してくれる感じ。

┃ 3 の人の恋の相手 ┃

7 の人 好きになります。そしてケンカをします。
　　　 ケンカが絶えないのに惹かれ合います(なぜでしょう?)。

2 の人 甘えさせてくれ、支えてくれる理想的な人。

┃ 3 の人を悩ませる人 ┃

4 の人 3 が勝手気ままを言うと叱られる。諭される。

7 の人 気になってしかたがないんだけど、
　　　 話がかみ合わない(でも気になる)。

1 の人 仕事が絡むと上から頭を押さえつけられるような気がする。

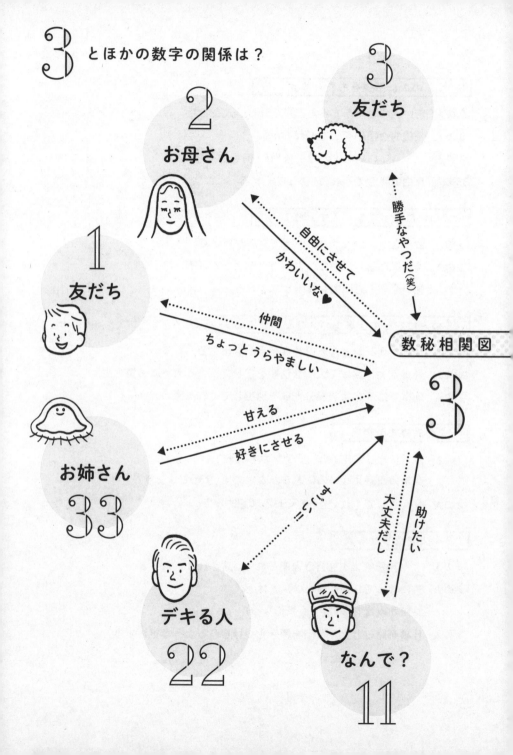

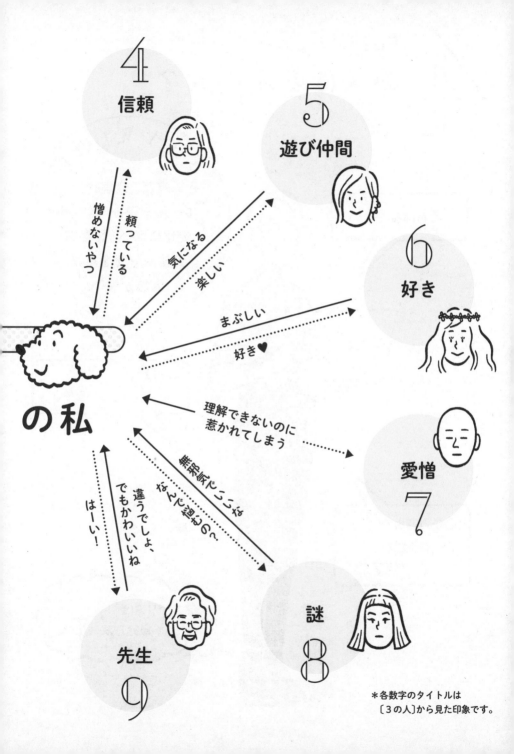

4 信頼

5 遊び仲間

6 好き

7 愛憎

8 謎

9 先生

の私

憎めないやつ
頼っている

気になる
楽しい

まぶしい
好き♥

理解できないのに
惹かれてしまう

無愛嬌だこと
なんで怒るの〜
違うでしょ、
でもかわいいね
はーい！

*各数字のタイトルは
〔3の人〕から見た印象です。

の人はどんな人？

それはなぜ？

KEYWORD

有能　合理的
ルールを守る　倫理的
変化に弱い　読書家
資格や学歴を重視
意志が強い

そのように
　　決まっていますよ。

〇〇の理由で
こんな予想が
　　　できます。

やり方は
　　自分で決めたい。

4

いつも正しい
デキる人

　まじめな人です。仕事やお金が大好き。結果を出すこと、自分で書いたシナリオ通りに物事が進んでいくことに価値を感じます。他人には厳しい人だと思われています。いつもニコニコというより、目標を定め無駄を排して突き進むからです。でも内面はとても思いやりがあります。ただ、だれにでもやさしいのではありません。がんばっている人、正しいと思える人に、気持ちをかけるイメージです。ですから人によって〔4の人〕の印象は違うでしょう。

4 の人はどんな人？

長所	短所

強力な
ナビゲーター

いつも最悪の事態のシミュレーションをしています。だから先のことを考えて入念な準備をします。危機管理能力はピカイチ。困ったときに真っ先に相談すべきでしょう。頼りになる人、具体的な答えをくれる人です。

ガラガラと
シャッターをおろす

急な変更や批判的な相手が苦手です。立ち向かうのはイヤなので話を聞かないで去る、もう付き合わないなどかたくなな態度になってしまいます。心のシャッターをガラガラとおろすイメージ。がんこで融通がきかないと思われることもあります。

人付き合いの特徴

- 浅く広くではなく、自分が選んだ信頼できる数人と深く付き合う。内と外を区別する。
- 仲間として「わが砦のなか」に入れた人に対してはとてもやさしい。そのほかの人には冷たく見えるかも。
- 付き合う相手には「自分と同じくらいのスペック」があってほしい。
- 合理的なやり方とルールを重視するので、それを侵されると激怒することもある。

できる人が好き

4 の人に幸運をもたらす人

7の人 気が合うふたり。いっしょにいると自由な気持ちになれる。

22の人 〔4の人〕から不安を取り除いた「パワフルな先輩」。

8の人 人脈や金銭面でワンランク上の人。

4 の人を転機に導いてくれる人

11の人 自分の知らない価値観を教えてくれる。突破口になる人。

7の人 7の個人主義に影響され、
かたくなに守ってきたものを手放せるかも。

1の人 大きなチャンスをくれる。

4 の人にとって仕事上のメリットがある人

1の人 交渉事など派手な人が必要なときに役立つ。

5の人 発想の豊かさでは群を抜く。アイデアをくれそう。

4の人 4同士タッグが組めれば飛躍的に仕事が進められる。

4 の人の恋の相手

6の人 自分が持っていない「素敵」をたくさん持っている人。

5の人 キラキラ輝いていて一瞬でトリコに。魅了されてしまう。

8の人 上品で安定感がある人なので、安心して好きになれる。

4 の人を悩ませる人

3の人 何を考えているのかわからない（理解したいのに）。

9の人 何が言いたいのかわからない（理解したいのに）。

33の人 どんな人なのかわからない（理解したいのに）。

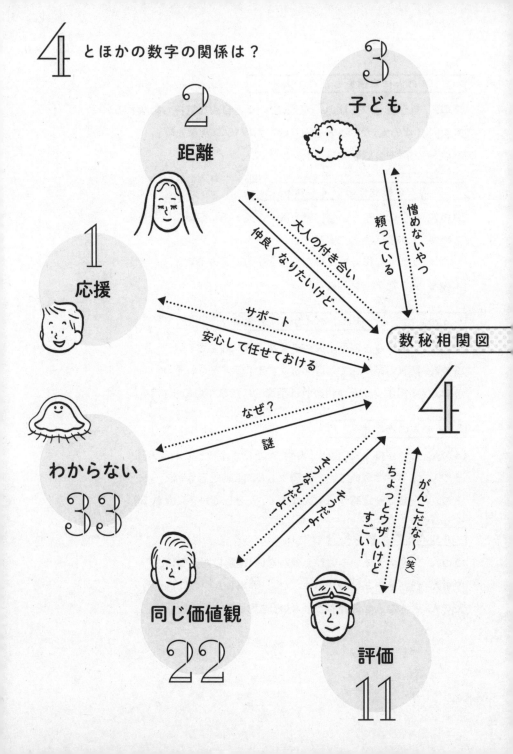

4 とほかの数字の関係は？

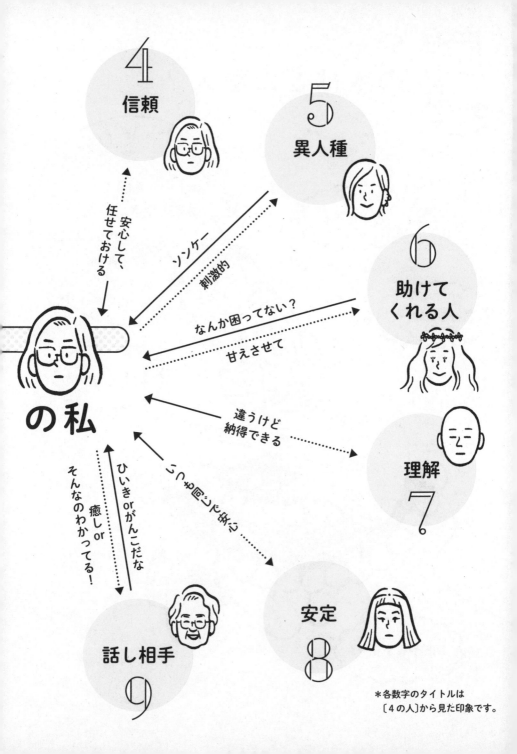

*各数字のタイトルは〔4の人〕から見た印象です。

5 Five

の人はどんな人？

KEYWORD

五感
感覚の鋭さ　アイドル
かっこいい
多情
人気者

やったー！

気持ちいい〜！

おいしい〜〜！

明日やるから〜！

5

「体で生きている」 感覚の人

　食べたり飲んだり感じたり。五感フル活用で感性が鋭く、芸術的な人が多いようです。セクシーで人の本能に訴えかける魅力があります。いつもだれかに恋をしていて欲望に忠実です。計画を立てて将来に備えるなんてこと、ほぼしません。刹那的で「いま」を一生懸命に生きているので、先のことを考えない軽率な人だと思われがちです。いるだけでその場がパッと明るくなる華があり、ファンも多いはず。人や場所を活性化させる人の代表格です。

5 の人はどんな人？

長所

華やぎを
与える

芸能人のような華があり、親しみのあるコミュニケーションで人を魅了します。相手のよいところを見つけるのが上手で、ほめるのも得意。人から好かれるので営業職や水商売など、人と接する仕事で成功する資質を備えています。

短所

逃げ足が
速い

逃げ足が速い人です。つらいこと、苦しいことからは体が勝手に逃げ出してしまいます。責任感のないやつ、信用できないやつと思われてしまうかもしれませんがそれでよいのです。お酒や薬に逃げないで「人に逃げる」ことだけ覚えておいてください。

人付き合いの特徴

- 「ファンを増やす」ように広く人間関係を構築する。
- 人からどう見られているのか気になる。「無視される」のがいちばんつらい。
- 人から相談を持ちかけられるが、解決はできない。聞くだけ。解決は〔5の人〕の役割ではない。
- いろんな人を好きになる。くどき上手で誘い上手。飽きるのも早い浮気性。

華やかで
芸能人っぽい。
実はナイーブ。

5の人に幸運をもたらす人

3の人　福と運を持っている。5のカンのよさとあわされば最強!

11の人　先を見通す能力が5のクリエイティビティの助けに。

7の人　冷静な視点の持ち主。熱くなる〔5の人〕の支えになれる。

5の人を落ち着かせてくれる人

4の人　論理的な思考で5の突飛な行動を思いとどまらせてくれる。

8の人　深いところまで考えているので敬意を持って話が聞ける。

6の人　パニックに陥ったときにうまくなだめてくれる。

5の人にとって仕事上のメリットがある人

7の人　いつも冷静で問題点を明らかにしてくれる。

1の人　怖がらない行動力で〔5の人〕のひらめきに
　　　　勢いをつけてくれる。

9の人　投げ出さずに、物事がうまくいくまで付き合ってくれる。

5の人の恋の相手

6の人　センスがよく素敵なルックスにひと目惚れでノックダウン。

33の人　くせになる人。いつのまにか好きになってしまう相手。

5の人　欲望に忠実な者同士、飲んだり食べたり何をしても楽しい。

5の人が苦手な人

22の人　やさしいけれどつかみどころがなくて近寄りがたい。

2の人　ハッキリしない態度にちょっとイライラするかも。

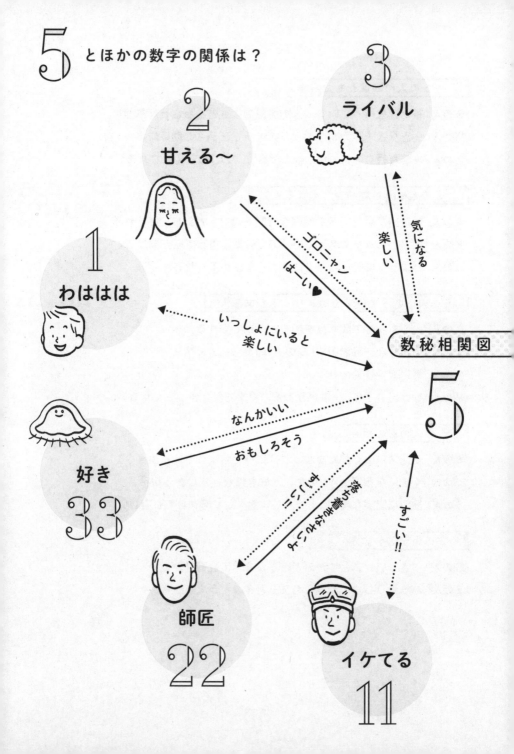

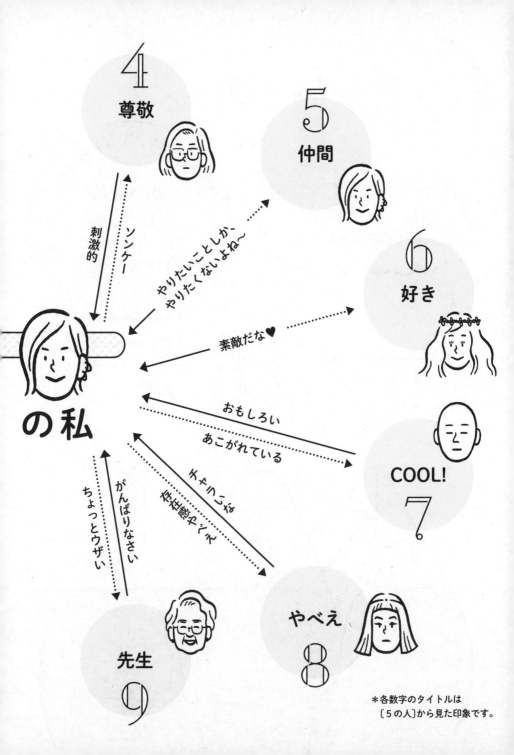

4 尊敬

5 仲間

6 好き

7 COOL!

8 やべえ

9 先生

の私

刺激的

ソンケー

やりたいことしか〜
やりたくないよね〜

素敵だな♥

おもしろい

あこがれている

チャラいな

性格悪いくん

がんばりなさい

ちょっとウザい

*各数字のタイトルは
〔5の人〕から見た印象です。

謙虚でかわいい
お姫さま

　〔6の人〕は洗練されている人です。人よりも一段上をいくセンスのよさや頭のよさは、みんなのあこがれの的。男性でも優美でかわいらしい雰囲気を持っています。ガサツさ、乱暴さはゼロ。その奥ゆかしさと美意識の高さで、まわりからは「素敵な人」だと思われています。しかし内面はまわりの評価とは違い、「自分なんて全然ダメ」と思っているのではないですか？　自己評価の低さがバネになって大成功する人も多いのですが、それが災いすることもあります。

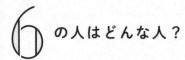

の人はどんな人?

長所	短所

そつがない
外交手腕

人間関係では気のきいた言葉を発したり、相手の気持ちを揺さぶったり、よい意味での手練手管を駆使します。洗練された外見と相まって〔6の人〕を好きになってしまう人はすごく多いはずです。12の数字のなかで、いちばんモテるのが〔6の人〕です。

超やきもち
焼き

愛されていないとへそを曲げます。腹が立つとちょっとした意地悪をしてしまうかも。浮気などされたらもう大変! それだけ「愛されたい!」という気持ちの強い人なのです。職場でも、ほめられない、感謝されない状況だといじけます。

人付き合いの特徴

- やさしい人。人の気持ちや気分に敏感で、弱っている人にいたわりの言葉をかける。
- じゅうぶん愛されているのに、愛に貪欲。いつも「もっと! もっと!」と愛を欲している。
- トップに立つよりサポート役が最適。空気を読んで場を調整できる。
- 自己評価が低いので、周囲の評価が必要。好意や気配りに気づいてもらえないと、「どうせ私なんて……」。落ち込みだすと長い。

モテる人。
ちょっとだけ
計算高い。

6の人に幸運をもたらす人

8の人　期待を裏切らない品のよさに安心する。

9の人　言葉で〔6の人〕を救ってくれる。

33の人　言葉よりも態度で〔6の人〕に愛を感じさせてくれる。

6の人を落ち着かせてくれる人

9の人　的確な指摘で自分は間違っていないと感じさせてくれる。

2の人　やさしい心づかいといたわりに安心できる。

5の人　「いいね!」「ステキだ!」とストレートにほめてくれる。

6の人にとって仕事上のメリットがある人

11の人　〔6の人〕を正しいとジャッジしてくれる。

7の人　ビジネスパートナーにすると、情に惑わされない〔7の人〕の性質が
　　　　頼もしく感じる。7のおかげで仕事に没頭できる。

1の人　〔6の人〕の自信のなさをカバーして引っ張ってくれる存在。

6の人の恋の相手

8の人　8くらい自尊心の高い人がお似合い。王と王妃のように。

3の人　〔6の人〕がかわいがる感じ。天才肌のふたり。

33の人　もともと同じ数字。
　　　　〔6の人〕よりも自由に生きていてあこがれる。

6の人を悩ませる人

4の人　自分の好意がうまく反映されないもどかしさ。さみしくなる。

6の人　敵対するかも。がるるるるる。

22の人　情に訴えかけても乗ってくれない。冷たい人に思える。

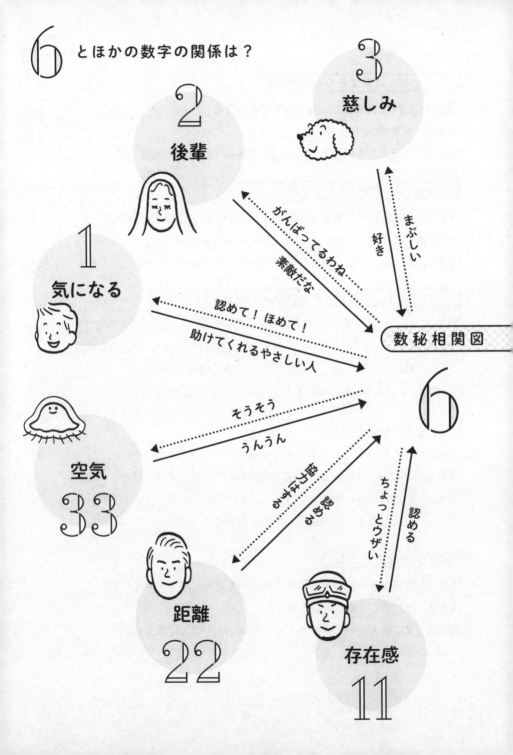

6 とほかの数字の関係は？

2 後輩
3 慈しみ
1 気になる
数秘相関図
6
空気 33
距離 22
存在感 11

がんばってるわね……
素敵だな
好き
まぶしい
認めて！ほめて！
助けてくれるやさしい人
そうそう
うんうん
ちょっとウザい
認める

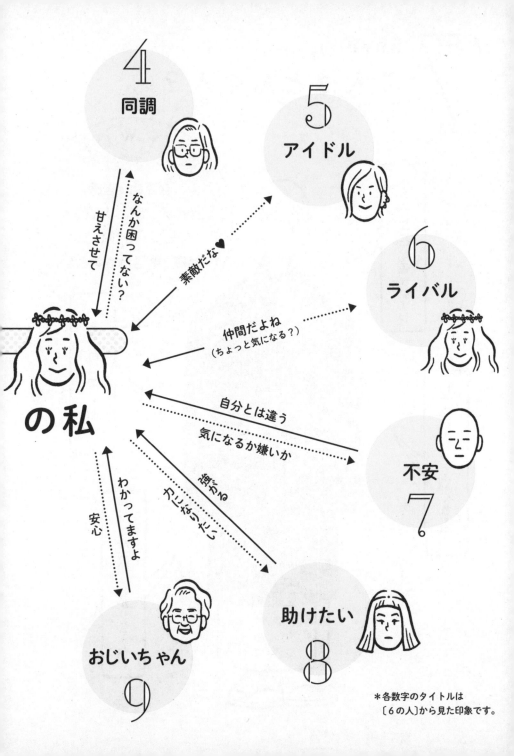

4 同調

5 アイドル

6 ライバル

不安 7

助けたい 8

おじいちゃん 9

の私

なんか困ってない？

甘えさせて

素敵だな♥

仲間だよね
（ちょっと気になる？）

自分とは違う

気になるか嫌いか

渋々ね

力になった

わかってますよ

安心

＊各数字のタイトルは
〔6の人〕から見た印象です。

7

クールな
修行僧

「人と人はわかり合えない」という諦念を持っています。人の目を気にすることなくみずからの信念を貫きます。周囲からはクールでミステリアスな存在に見えるでしょう。好きなことはとことん追求しますが、興味のないことには無反応。すばらしい景色を見たとき、感動をだれかと共有したいと思うのですが、実際は人と協調するのが面倒でひとりで行動するほうを選択します。〔7の人〕のなかの「熱」は非常にわかりにくいのです。

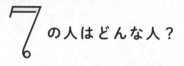の人はどんな人？

<table>
<tr><td>長所</td><td>短所</td></tr>
</table>

冷静な対処が
できる

トラブルのとき動じません。人生にはハプニングがつきものだとわかっているのです。情に流されない判断ができるので、人から信頼されます。独特の視点で物事をとらえるため、考え方がオリジナル。おもしろい人だと言われるでしょう。

冷たい人間に
見える

感情が表に出にくいようです。好き嫌いが激しく偏愛傾向も。〔7の人〕に「興味がない」と思われた場合、冷たく感じるでしょう。とっつきにくい雰囲気の〔7の人〕も多いのですが、実はいたってやさしい人だったりします。

人付き合いの特徴

- ベタベタした付き合いを嫌う。「いっしょに帰ろう」なんて言われるのがイヤ。早くひとりになりたいと思う。
- ひとりが好きだがいつもひとりでいたいわけではない。
- やさしかったり、冷たかったり。つまりツンデレ。
- 人を翻弄するので人気がある。なんか気になる存在。
- 実はさみしいときもある。

唯我独尊。
クールでツンデレ

7の人に幸運をもたらす人

11の人　ほかの人には理解できない以心伝心がある。

9の人　孤独なときの〔7の人〕を理解しようとしてくれる。

22の人　「感情で動くのは合理的じゃないよね！」と同じ意見を持つ。

7の人を理解してくれる人

8の人　孤独のなんたるかを知っている。

33の人　7のほしいものを感覚的に理解できる。

7の人　やっぱりわかり合えるのは〔7の人〕同士だよね。

7の人にとって仕事上のメリットがある人

4の人　仕事の上では意見が合う人。仕事優先の人同士。

1の人　〔7の人〕の慎重さに〔1の人〕の強引さはぴったり！

5の人　行き詰まってしまったときに発想のひらめきで助けてくれる。

7の人の恋の相手

3の人　どうしても気になる人。好きになってケンカして、を繰り返す。

7の人　やっぱり落ち着くよね〜という相手。
　　　　言葉のいらないパートナー。

2の人　自分のわがままを受け入れてくれる人。

7の人が苦手な人

6の人　ほめなければいけない感じが面倒。

9の人　淡白な人間関係を好む〔7の人〕にはしつこく感じる。

11の人　ぶつかるときにはとことんぶつかる。

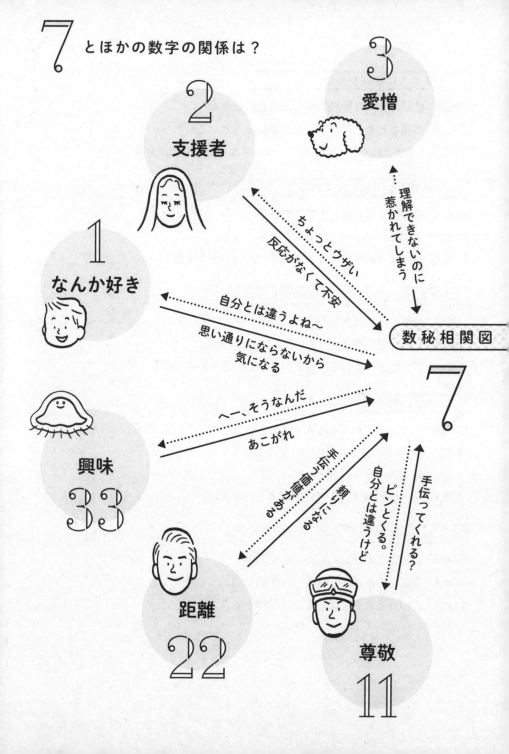

7 とほかの数字の関係は？

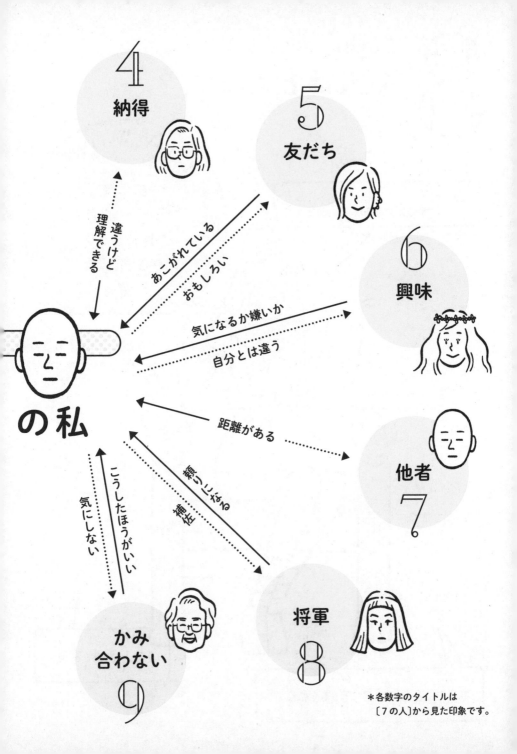

4 納得

5 友だち

6 興味

あこがれている

おもしろい

違うけど理解できる

気になるか嫌いか

自分とは違う

の私

距離がある

他者 7

こうしたほうがいい

気にしない

繰り返す

指導

かみ合わない 9

将軍 8

＊各数字のタイトルは
〔7の人〕から見た印象です。

人当たりの
いい偉人

　穏やかで人当たりのいい人が多いでしょう。プライドが高く厳しい人ではありますが、友人知人には親切で紳士的です。どんな年齢や職業であっても、どこかしら品のよいところがあり、高貴なムードをたずさえています。戦うべき相手に対しては好戦的。絶対に負けたくありません。人間関係もおのずと自分の敵にならない人を選びます。自分に厳しく、いつも「いまのままじゃダメだ」と、切羽詰まったような雰囲気を持っています。目標が高いのです。

8 の人はどんな人?

長 所

努力家で
志が高い

目標は崇高。努力を惜しまず、スタミナもあるので、大きな偉業を成し遂げる人も多いでしょう。人から尊敬され、頼られるカリスマ性があります。だれかの目標となりうる人物です。どんな分野においても一流になれるポテンシャルの持ち主。

短 所

自分を
追いつめすぎる

「人にどう思われるか」を気にしすぎて、生きづらいと感じることがあります。また、どれだけがんばっても「まだまだ努力が足りない」と自己否定しがちです。プライドが高く、人に相談することができずひとりで悩むこともあります。

人付き合いの特徴

- 節度のある態度で、ソフトな人付き合いをする。社交的で友だちも多いが、勝ち負けを気にするため内心は穏やかでないことも。

- 他人を「敵か家来か」で仕分け。「家来」は庇護し面倒を見る。「敵」と判断した相手は、能力が高いと認めた相手なので尊重する。

- 信頼できる人を欲している。たったひとりでも信頼に足る人がそばにいると、人生の幸福度が上がる。

よきにはからえ

生まれながらの
皇帝

8の人に幸運をもたらす人

22の人　大きなチャンスを持ってきてくれるかも。相乗効果あり。

1の人　おおらかに生きる姿を見せてくれて、大切な気づきがある。

11の人　直感による貴重なアドバイスをくれる。

8の人をバックアップしてくれる人

2の人　NOと言わず安定的にサポートをしてくれる。

6の人　やさしい思いやりで〔8の人〕を癒してくれる。

4の人　変わらぬ誠意を示してくれる。

8の人にとって仕事上のメリットがある人

8の人　よきライバルになる。切磋琢磨するふたり。

7の人　合理的な仕事っぷりを気持ちよく感じる。

9の人　8が孤立したとき、
　　　　周囲との潤滑油の役目をしてくれる。

8の人の恋の相手

9の人　ふたりでしか話せないことを共有。価値観が相似。

5の人　自分にはない自由な雰囲気に惹かれる。

4の人　いつも緊張している〔8の人〕に安定をもたらしてくれる。

8の人が苦手な人

33の人　何を考えているんだか理解できない。

3の人　自由でぶしつけな言動にがまんできない。

22の人　スタンドプレーが多くて気になってしまう。

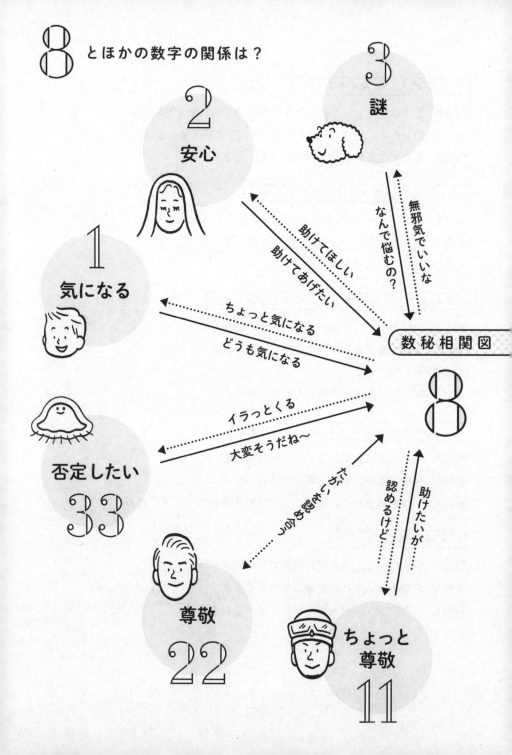

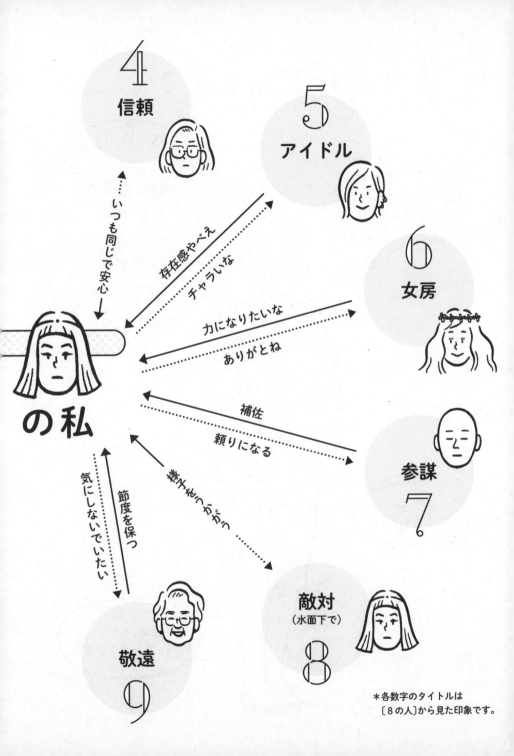

4 信頼

5 アイドル

6 女房

7 参謀

の私

いつも同じで安心

存在感やべえ

チャラいな

力になりたいな

ありがとね

補佐

頼りになる

気にしないでいたい

節度を保つ

敵対
（水面下で）

8

敬遠

9

＊各数字のタイトルは
〔8の人〕から見た印象です。

 **Nine**

の人はどんな人？

あなたはやれば
　　できると思う

KEYWORD

常識　義務感
気をつかう
バランス感覚
平穏無事
スタンダード

お行儀よく
　　してほしい

できない人を
　　更生させたい

「潤滑油」と
　　言われています

「登場人物が
多い」人

　自分の視野に入るすべての人々のことが気になります。その人数はびっくりするほど大人数。人の話を聞きたい、話を聞いてほしい、人の気持ちをすくい上げたい、自分の思いをわかってほしいといつも願っています。「みんなのバランスをよくしたい」という善意から、指導的役割を買って出るため気疲れすることも。指導者なので仕事も勉強もまじめ。目的のために努力するというより「ちゃんとやるのが当たり前」という感覚です。

9 の人はどんな人？

長所

教えるのが
上手

話し上手、説明上手。指導することが好きだし向いています。相手のレベルに合わせた話し方で、わかりやすく教えてあげるでしょう。自分の指導によってだれかが向上していくのを心から喜べる「いい人」です。

短所

グチが
多い

他人の欠点が気になってしかたがありません。直してあげたい！と思います。よかれと思って注意したことによってイヤな思いをしたり、人の至らぬ部分を気にかけてイライラしたり。人がらみの心労が多く、どうしてもグチが出てしまいます。

人付き合いの特徴

- 人間が好き。親切で人から感謝されることも多い。
- しかし親切にしていながら、その人への不満を他人にグチることも。裏表があると誤解される理由がここ。
- 集団に〔9の人〕がひとりいるだけで、その場が円滑になる。
- 言葉の達人で態度も落ち着いているので、人の説得が上手。〔9の人〕が諭した言葉で人生が変わる人がたくさんいるはず。

こうすればいいんじゃない

大丈夫？

9の人に幸運をもたらす人

3の人 行き詰まっているときに突破口になる人。
「こんなに自由でいいんだ！」。

33の人 自由な魂を見せてくれる。「こんなに無責任でいいんだ！」。

1の人 自分の知らない価値観を教えてくれる。
「こんなにはっきり言っちゃっていいんだ！」。

9の人を理解してくれる人

8の人 深くじっくりと人間観察をしているところに共感。

11の人 〔9の人〕が正しいことをしていると認めてくれる。

9の人 やっぱり〔9の人〕同士はわかり合える。しっくりくる。

9の人にとって仕事上のメリットがある人

4の人 自分とは違って情に流されずドライに仕事を進めてくれる。

22の人 強いリーダーシップを持っているので、いっしょに高みにいける。

2の人 自分がリーダーになったときに、バックアップしてくれる。

9の人の恋の相手

3の人 つたない感じもぐっとくるかわいさ。守ってあげたくなる。

8の人 崇高さに惹かれいっしょに高みを目指したくなる。

5の人 そばにいると「生きてる！」という感じがする。気持ちのいい相手。

9の人が苦手な人

6の人 よかれと思って言った言葉に落ち込まれてしまう。

7の人 周囲の和を重んじないところが不満。

4の人 がんこで話が通じないので〔9の人〕のよさが発揮できない。

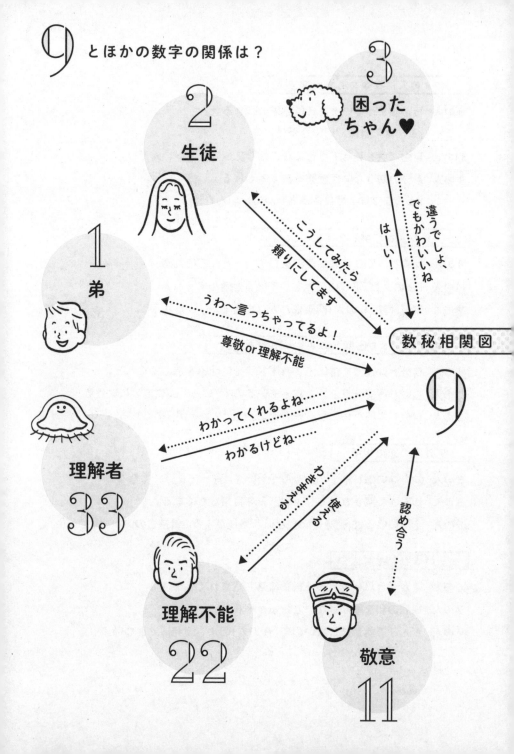

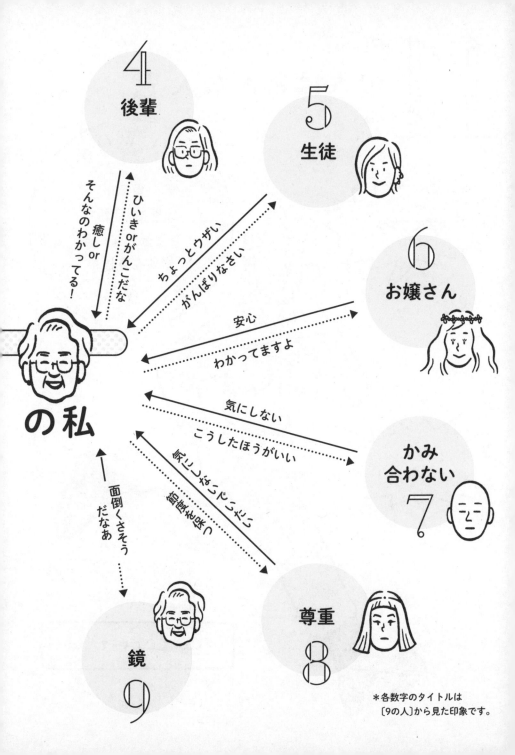

4 後輩

5 生徒

6 お嬢さん

かみ合わない 7

尊重 8

鏡 9

の私

そんなのわかってる!

癒しor

ひいきorがんこだな

ちょっとウザい

がんばりなさい

安心

わかってますよ

気にしない

こうしたほうがいい

関心しないから

面倒くさそうだなあ

*各数字のタイトルは〔9の人〕から見た印象です。

11

本質を見抜く
レスキュー隊

　11、22、33という「ゾロ目数字」の持ち主は、神様から何かの使命を受けて生まれてきています。〔11の人〕は目の前の人を助けることがお務めです。実際〔11の人〕はよく人を助けます。道に迷っている人、電車の中の老人、窮地に陥った友だち。損得勘定いっさい抜き、無自覚で救います。

「ピンとくる」「全体が見える」「本質を見抜く」力が授けられています。「わかっている」人です。それなのに、自分のことだけはわからない。たぶん興味がないのでしょう。

11 の人はどんな人？

<table>
<tr><td>長所</td><td>短所</td></tr>
</table>

体が勝手に動く

圧が強い人

だれかのピンチを目にすると、考えるよりも早く体が動きます。ケンカの仲裁、危険な場所を歩く人。「やめなさい！」「危ない！」。恥ずかしいなんて思いません。自分のことを顧みずに人を救いますし、救える能力の持ち主です。

ストレートな言動が、気の弱い人にとっては脅威になったりします。グイグイと行動して人を助けたのに、「怒られた」「怒鳴られた」と受け取る人もいて、嫌われてしまうこともあります。〔11の人〕は正しいので、最終的には感謝されますけどね。

人 付 き 合 い の 特 徴

- 火中の栗を拾うように他人の困難に突っ込んでいくので、トラブルに巻き込まれることが多い。

- 部下を持つと力を発揮する。先を見通して指導するので厳しいと思われることもある。〔11の人〕のやさしさは時間を経て理解される。

- 〔11の人〕自身は好き嫌いがなくみんなを受け入れる。物事の本質がわかっているので。

92

11の人に幸運をもたらす人

4の人 目標に対してブレない姿勢が、
〔11の人〕の軌道修正をしてくれる。

22の人 11より規模の大きい「人助け」をしているので、刺激になる。

5の人 ピンチのときに思いもつかない新しい可能性を提示してくれる。

11の人の仲間になる人

1の人 おたがいに仲間をとても大切にする。理解し合える。

7の人 人にはわからない交信ができる不思議な組み合わせ。

2の人 「人助け」という同じ志を持つふたり。
〔11の人〕が引っ張っていく。

11の人にとって仕事上のメリットがある人

33の人 不思議な人だが、〔11の人〕の能力があれば使いこなせる。

6の人 率直すぎる〔11の人〕に人への頼み方や話し方を教えてくれる。

4の人 経済面での抜けや漏れを指摘してくれる重要な存在。

11の人の恋の相手

3の人 かわいい。助けてあげたい気持ちが愛に変わる。

9の人 「がんばっているな」という評価が愛に変わる。

11の人 言葉ではない以心伝心の安心感。

11の人が苦手な人

5の人 ちゃらんぽらんで言うことを聞かないから。

8の人 プライドが高くて気をつかわないといけないから。

9の人 グチが多くてイヤになることがあるかも。

11 とほかの数字の関係は？

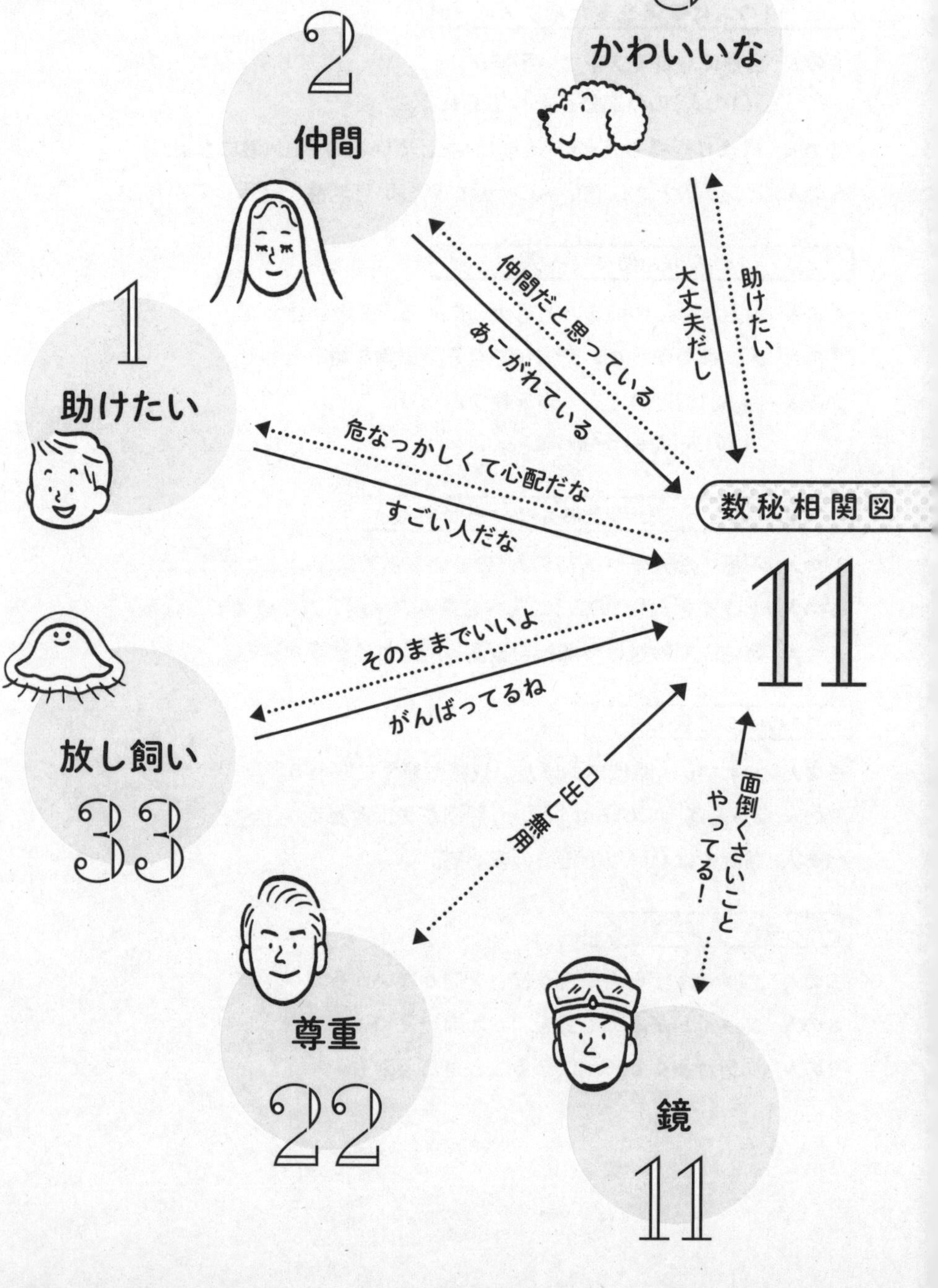

3 かわいいな

2 仲間

1 助けたい

数秘相関図

11

放し飼い **33**

尊重 **22**

鏡 **11**

仲間だと思っている

あこがれている

大丈夫だし

助けたい

危なっかしくて心配だな

すごい人だな

そのままでいいよ

がんばってるね

面倒くさいことやってる！

面倒くさいこと
やってる！

口モで鈴い

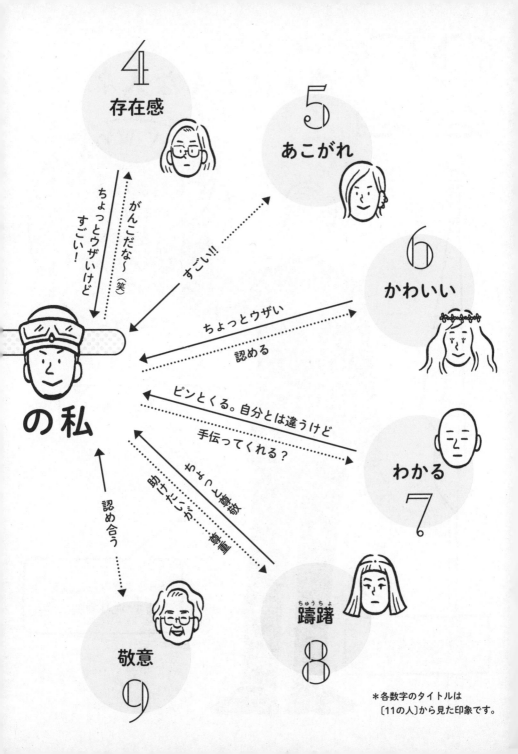

*各数字のタイトルは〔11の人〕から見た印象です。

22

思い通りに
生きる成功者

　仕事をするために生まれてきたような人です。仕事の内容は人それぞれ。店や会社の経営、新たな団体の設立、家庭をしっかり守ることかもしれません。12の数字のなかでいちばん規模の大きい夢を描き、かなえることのできる能力の持ち主です。ものすごい勢いで目標に邁進していくので、時に独断的だと批判を受けることもありますが、そんなことは気にしません。情よりも合理性と目的を優先し、稼いだ大きなお金を仲間や社会に還元していきます。

長 所	短 所

独り占めを
しない

〔22の人〕にはお金の神様がついているようです。どこからかお金が入ってきて生活に困ることがありません。投資、金融、募金活動など「お金」にまつわる事業に関わると能力を発揮します。入ってきたお金はかならず人に還元し、独り占めしません。

なんとなく
強引

自分で決めたことは困難があってもやり抜きたいので、周囲とのハードな交渉が必要になります。そのとき「もう決めたから！」と独断で進めてしまいがちです。言葉や態度がソフトでも、意見を聞くことをせず、相手を煙に巻いてしまいます。

人 付 き 合 い の 特 徴

- 人が好き。おおらかな心で人を受け入れる。長所を見ようとする。
- 友人や恋人を選ぶとき「好きだから、楽しいから」という感情と同じくらい「自分のために動いてくれるから」ということを重視する。
- 義侠心が強く、理不尽な人には立ち向かう。
- 頼まれるとイヤといえず経済的支援をする。

22の人に幸運をもたらす人

11の人　〔22の人〕よりも視野が広いので有益な情報をくれる。

22の人　ふたりそろえば無敵ですね。

6の人　人間関係の修復に尽力してくれる。

22の人が助ける人

3の人　経済的支援で大きなチャレンジをさせてあげられる。

6の人　いっしょにいるだけで安心感を与えられる。

1の人　大きなチャンスを与えてあげられる。

22の人にとって仕事上のメリットがある人

5の人　新しい切り口を見せてくれる。

33の人　いるだけでのんびりできる。癒し担当。

4の人　間違いやいきすぎた行為を指摘、修正してくれる。

22の人の恋の相手

9の人　自分の足りないところをなんとか
　　　　フォローしてくれる万能選手。

2の人　やさしさと思いやりを頼りにできる。自分に合わせてくれる。

8の人　同じ大きな夢を見ていけそう。

22の人が苦手な人

7の人　自分の力が及ばない感じの人。言うことを聞かない。

4の人　説得を受け入れてくれないので近づかないかも。

1の人　主張がぶつかり、わかりやすく敵になるかも。

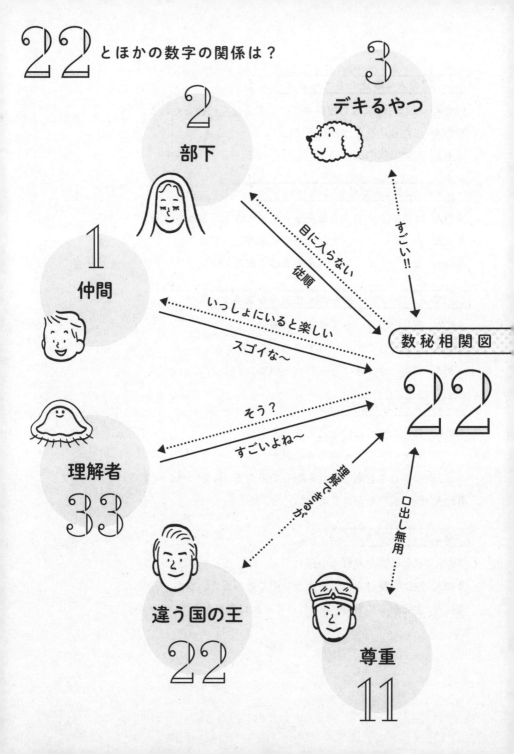

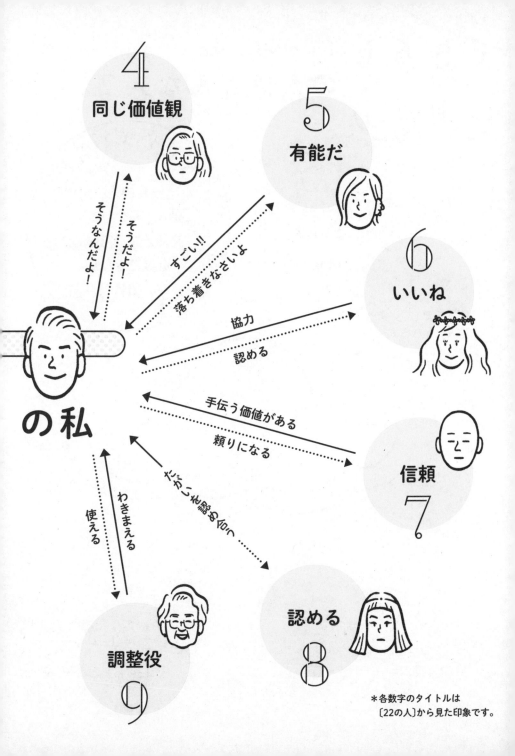

4
同じ価値観

5
有能だ

6
いいね

そうなんだよ！

そうだよ！

すごい!!

落ち着きなさいよ

協力

認める

手伝う価値がある

頼りになる

だから私協力しない

の私

信頼
7

使える

わきまえる

認める
8

調整役
9

*各数字のタイトルは
〔22の人〕から見た印象です。

33 ThirtyThree の人はどんな人？

KEYWORD

自由人
変人　人なつこい
波乱万丈　包容力
定義できない
柔軟

ん〜〜〜
　どうしよ〜

どっちでもいいよ〜
なんとかなるよ〜

ついていくよ〜

好きかも〜

33

とらわれのない 宇宙人

　〔33の人〕は自由な人です。常識や既成概念にとらわれないので、変わり者だと思われているでしょう。自分では何が人と違うのかわかりませんし、人と合わせなくてはいけないとも思いません。やりたいことをやって生きていきたいと思っています。人間関係も人を選ばない感じでだれとでもなんとなく仲良くなったり、ケンカしていたり。流される人生なのに、他人に大きな影響を与えてもいる。一本筋が通っていないのが〔33の人〕の特徴です。

の人はどんな人？

長 所	短 所
## すべてを受け入れる	## 優柔不断で決められない
基本的にだれでも受け入れる人です。好き嫌いもなく、すぐ人を好きになり、好意を持たれると反射的に好意でお返しします。やさしいというより流されている感じですが、それが人気者になる理由。目の前の人を喜ばせたいのです。	おもしろそうな人がいればふらふらと近づいて仲間になります。それが昨日まで反目していた人だったりするので、「裏切り者」と思われることもあるでしょう。いつも「だれかが決めてくれないかなあ」と思っている優柔不断の人です。

人付き合いの特徴

- 目の前の人をガッカリさせたくない。だからだれにでもいい顔をするはめになる。
- 誘われたら行く。どんな飲み会にも声をかけてもらえる人気者だが、本人が楽しんでいるかどうかは別の話。
- 人の目を気にしない。いじめられていても気づかない。痛点がないようなところがある。

ラブ＆ピース

33の人に幸運をもたらす人

1の人 〔33の人〕をおもしろがってチャンスをくれる。

3の人 いっしょにいると盛り上がれる。

5の人 おもしろいことをたくさん思いつくから刺激的。

33の人を理解する人

2の人 共感力の強さで〔33の人〕の気持ちを察する。

7の人 不思議と〔33の人〕のことがわかる人。

9の人 人を喜ばせたいと思うところが共通点。

33の人にとって仕事上のメリットがある人

8の人 安定感があって、ふわふわした〔33の人〕を引き締める。

4の人 何かと助けてくれる。

6の人 流される〔33の人〕をコツコツとした仕事ぶりでフォロー。

33の人の恋の相手

11の人 叱ってくれることすら、うれしく感じる。

33の人 似た者同士。

9の人 よく話をしてくれる、話を聞いてくれるやさしい人。

33の人が苦手な人

22の人 なんとなく遠慮してしまう。

8の人 8の厳しさが理解できないかも。

1の人 大声で怒られてビビる。

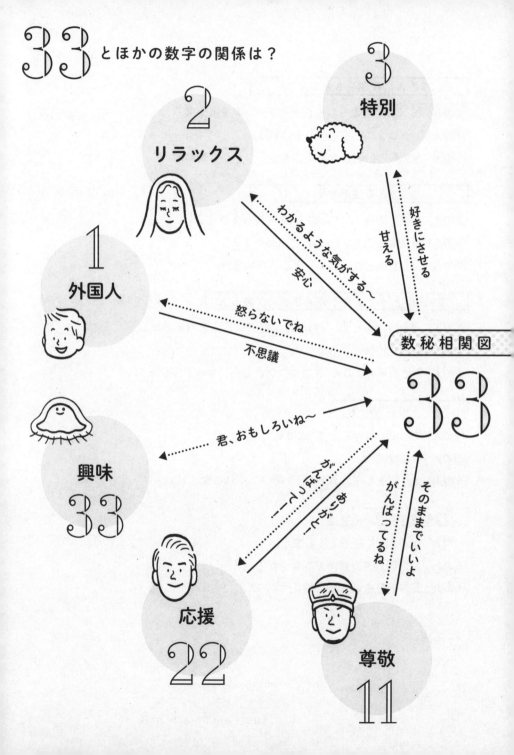

33 とほかの数字の関係は？

3 特別

2 リラックス

1 外国人

数秘相関図

33

興味 **33**

応援 **22**

尊敬 **11**

好きにさせる

甘える

わかるような気がする〜

安心

怒らないでね

不思議

君、おもしろいね〜

がんばって！

がんばって！

がんばってるね

そのままでいいよ

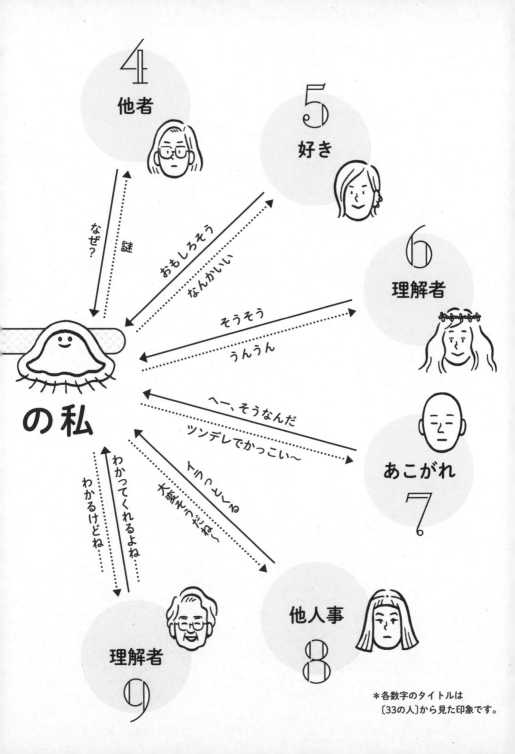

*各数字のタイトルは
〔33の人〕から見た印象です。

第 3 章

あの人を知る

Know
that person

まずは「まわりの人の数字」を見る

　私の鑑定の手順は次のような感じです。

　家族や気になる方の生年月日を調べてきていただきます。そして、各人のパーソナリティについてお話を伺う前に、数字にフォーカスし、数字だけを見ながら、気になった人を読んでいきます。

「この人、甘いもの好きですね～」

「怒らせると怖いでしょ？　でも根はやさしい人ですよ」

「あ、この子にいくら叱っても無駄ですね。聞いてないから」

　など、雑談レベルで話します。まわりの人の数字について話したあとで、今日いらした目的を伺い、本題に入っていきます。

　まわりの人の数字を最初に伺うのは、環境と志向を知るためです。

　親やきょうだいの数字を知ると、本人がどんな雰囲気の家庭で育ってきたか想像できます。「上昇志向の強い母親かな？」「お父さんは仕事で不在がちだったかなあ」と数字から得られる情報を頭に入れていくのです。

　友人や恋人の数字を知ると、その人の好みや志向がわかります。「本人はわりとお固いけど、まわりの人はちゃらちゃらして楽しい人ばかりなんだなー」「あれ、でも職場の人は友人の数字とは全然違うな」とか。あとは、問題解決に役立ってくれそうな数字の人がそばにいるかどうかも確認します。

　自分を取り巻く環境というのは、重要なファクターです。本人の

数字だけでは、「悩みを解消する」ところまでたどりつけません（以前、自分と夫の数字しか調べてこなかった方がいらして、四苦八苦しました）。人が社会動物であり、おたがいに大きく影響し合って生きていることの証拠です。関係性のなかの「自分」なのです。

あなたのまわりはどんな数字？

さて、本章は各数字の対処法です。その数字の人以外の人が読む、という前提で書いてみましたので、オブラートに包まない率直な物言いになっていることをおゆるしください（笑）。

気になる人のところをパラパラと読むのもいいのですが、まず白い紙を用意して、自分の近くにいる人や気になる人の数字を書き出してみましょう。数字は28〜29pで算出し、「鍵の数」「魂の数」両方を参考にしてみてください。

家族、きょうだい、パートナー、職場の苦手な人、好きな人、大事な心の友。周囲にどんな数字の人がいるのか、全体図を書いてみると自分の人間関係を俯瞰して見ることができます。

子どもの数字

本章の「子どもあるある」は基本的に「魂の数」で見ていますが、物心つく前に「鍵の数」の要素が強くなる子もいます。お子さんの数字のうち「魂の数」「鍵の数」の両方を見ていただき、ピンとくるほうを参考になさってください。

1 の人への対処法

One

1 の人との付き合い方

付き合う人を「自分と肩を並べられるかどうか」で選びます。仕事、趣味、生き方。どこかの部分で肩を並べられるといい付き合いができます。また、〔1 の人〕に対しては反対意見であってもハッキリ自分の考えを言うことが重要です。誠実さには誠実さで返す人なのでケンカになっても大丈夫。陰口がばれると信頼を失います。裏表のない人ゆえ陰口に傷つくのです。

1 の人と仕事をするとき

せっかちです。遅刻はダメ。曖昧な会話にもイライラするので、結果を先に言うこと。「○○でした。なぜなら〜」という伝え方で、経過報告はこまめに。また、意思のない人が嫌いなので、イエスかノーか旗色を示して自分の意見を伝えましょう。自分の頭で考えた意見を述べない人は能力がないとみなされます。

1 の人をうまくかわしたい

〔1 の人〕を苦手だと感じる人は多いです。心根はやさしいのに言葉や態度がきついので周囲は怖いのでしょう。怖いときは、「怖いです」と率直に伝えるのがいちばん。素直に反省するはずです。離れたいときは、優柔不断な態度を取るといいでしょう。ハッキリしない人が苦手なので距離を置いてくれます。

1 の人への **NICEワード**	1 の人への **NGワード**

「あなたを信頼しています」
「いちばん素敵だった！
かっこよかった！」

「やめたほうが
いいんじゃない？」

自分の行動を仲間に応援して
ほしいので止められる不機嫌に。

1の親あるある

　子どもは自分より下だと思いがちです。自分の言うことを聞くように要求します。ちょっとうるさい親かなぁ。他人に対してもそうなんですけど、特に好きな人には「お前のことを思って言ってんだぞ〜！」みたいな支配感覚になってしまいます。悪意はないので、ほほえましいと思ってゆるしてあげてほしいです。

1の子あるある（思春期までの性質）

　子どもらしい子どもです。無邪気で傲慢でやさしい。なんでもいちばんが好き。純粋無垢。まっすぐなままで育ってくれたらいいな〜と思います。ちょっとくらい失敗したって、友だちとケンカしたって、人としての真ん中の部分がとても純粋な、すばらしい子どもです。

1の人が怒っていたら

　〔1の人〕の悲しみは「怒り」という形であらわれます。彼（彼女）が怒っていたら内心はすごく傷ついています。力のある人なので、しばらくするときっと立ち直ると思いますが、あなたが味方だということは伝えてあげてください。「ひとりぼっちじゃないんだよ」と、いっしょにお酒でも飲んで。

1 の人 トリセツ

卑怯者！

怒っているとき、
実はとても傷ついている

1. 怖がらないで真正面から近づいてみよう。

2. 自分の気持ちを恐れずに伝えよう（案外大丈夫だから）。

3. 怒っているときは、心のなかで泣いていると理解しよう。

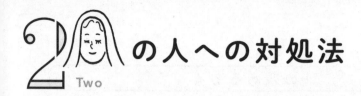# ２の人への対処法

２の人に好かれたい

何かをお願いしてみるとよいでしょう。困ったことを相談するのも〇。「尽くされる」→「感謝する」。この一往復であなたは〔２の人〕にとって特別な人になれます。曖昧さのないはっきりした表現が安心するので、「好き、嫌い、よい、ダメ」を率直に（でもやさしく）伝えましょう。

２の人と付き合いたい

〔２の人〕の恋はいつも好きになられるところから始まります。好きになったら、先に「好きです」と言ったもん勝ち。「好きです！　好きです！」と言われているうちに、相手の気持ちに共感して、心惹かれてしまうのです。

２の人から自由になりたい

だれかに執着してしまうことがあります。何度も贈り物をしたり会いに行ったり。執着は〔２の人〕にとって人間関係上の唯一の弱点かもしれません。執着とまでいかなくても、大切に思うあまりに心配しすぎる、干渉しすぎるということも。善意ゆえに「やめて」と言いにくいのですが、はっきり言いましょう。厳しいようですが、会わない、メール返信しないなど、距離を置くことも解決策のひとつです。

２の人への **NICEワード**	２の人への **NGワード**
「ありがとう」 「あなたのおかげで助かった」	「あなたの気持ち なんて関係ない」
かならず何かをしてくれて いますから感謝の言葉を。	何事も真心をこめてやる人なので、 それをないがしろにする言葉はダメ。

２ の 親 あるある

　思いやりのあるやさしい親です。全身で愛し、守り、世話をします。しかし、いつまでも子離れできません。我が子が心配で心配でしかたがないのです。親の愛が重いと感じたらちゃんと伝えましょう。「私はもう大人なので信頼してください」って。そのとき、感謝の気持ちをこめられたらいいですね。

２ の 子 あるある（思春期までの性質）

　〔２の子〕は私のなかでは特別な存在です。幼いながら、周囲の大人やきょうだいを思いやり、自分のことより優先しています。大人たちはこの小さくて崇高な存在に気づかなければいけません。「〔２の子〕は特に大切にする、おおいにねぎらう」と決めてしまってもよいくらいです。ふつうのお子さんじゃないのです。

２ の 人 が 小 さ く な っ て い た ら

　〔２の人〕には安全が必要です。いつも何かを怖がっているようなところがあります。安心させてあげるのが第一の対応です。状況を見極めて「大丈夫だよ」って説明してあげてください。もしくは物理的にどこか安心できる場所に連れ出してあげてください。

「好きな物、好きな人しかいない安心できる世界」のなかで生きていたい。

２ の人 トリセツ

1. 大きな音、汚い場所、雑音がする場所はNG（脅かされるから）。

2. 喜ばせるには甘えるのがいちばん。

3. やさしさが重いときは、はっきりと伝え、距離を取る。

# 3 の人への対処法

Three

3の人に好かれたい

〔3の人〕の気まぐれを受け入れる寛容さをアピールしましょう。「やりたい！」と思っていることを止められると怒ります。衝動で動きたいときに邪魔されると、心底イライラするのです。恋愛においては追われるより追うタイプですが、もしも告白したいのなら自分がどれだけファンであるかを告げてみましょう。「そんなに好きならしょうがないなー」と、惚れられて結婚する〔3の人〕もいます。

3の人とうまくいかない

〔3の人〕が、失礼なことを言ったとしても、悪気はありません。〔3の人〕が怒っていたとしても、長続きしません。自分勝手な人に見えるかもしれませんが、その自由さがいいところ。うまく付き合いたければ、どうこうしようとせず、時間がすぎるのを待ってみてください。

3の人に話を聞いてほしい！

〔3の人〕にもっと真剣に話を聞いてほしいとき、ありますよね〜。真剣なときこそ、明るく軽く話をしましょう。たとえばカフェでお茶を飲みながら、駅で立ち話しながらなど肩に力の入らない状態で。〔3の人〕は、興味のない話はまず聞かないし、無理に答えを求めたりすると反発します。まずは楽しい雰囲気を。

**3の人への
NICEワード**

「好きにやってみよう！」
「人のために生きなくていいよ」
自由を尊重される言葉はうれしいはず。

**3の人への
NGワード**

「ちょっと待って！」
やりたいことを「今」やりたいのに
止められると超イライラする。

3 の親あるある

親業には不向きのように思えますが、案外うまくやります。問題があるとすれば〔3の人〕が大人を演じて厳しくしつけるとき。「親だからしっかりしなきゃ」と思う必要はないのです。持ち前の無邪気さで仲間のように関わり、子どもの心を理解できる才能を発揮してください。

3 の子あるある（思春期までの性質）

〔3の子〕にはだれも勝てません。圧倒的なかわいさです。見た目もさることながら存在自体が宝物。親はもちろん、祖父母や先生にもかわいがられます。大人の話を聞かず、同じ失敗を繰り返しますが、それでも大丈夫、ちゃんと成長します。でも喉の風邪と事故やケガには気をつけてね。

3 の人がシュンとしていたら

まず体調を心配してあげてください。もし体に問題がないならばきっと大丈夫。気分転換をしているうちに次の「もっとおもしろい！」を見つけるはずです。「家族のために早起き」とか、「親だからしっかりしなきゃ」とか、人の犠牲になったりがまんしたりすると体調を崩しますので、「しなくていいよ」と言葉をかけるのが、体調の回復にとても有効です。

3 の人 トリセツ

1. 悪気はないので言葉の裏を読まないで。
2. 好きなことをやるときは能力を発揮できるので、好きそうな仕事を振る。
3. 基本的に話は聞いていません。

か、かぞくのために、が、がまんします……

人の犠牲になると
エネルギーが低下します。
3の人をガマンさせてはダメ

117

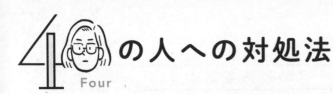

4 の人への対処法
Four

4 の人に好かれたい

　〔4の人〕はルールや倫理を重んじるまじめな人。いい加減な態度は敬遠します。恋愛においては「デキる人」が好きです。能力の高さに惚れるのです。「日曜大工がプロ並み！」とか「営業成績がトップ」など、実利に結びつく能力が高ポイントです。最初に、「自分はデキる人」という印象をつけましょう。恋はその先にあります。

4 の人とうまくいかない

　〔4の人〕の話をよく聞いて、まずは同調してください。意見を言うのはそれからです。最初に話が通じる相手だと思ってもらう必要があるのです。「内と外」を分ける人なので、内に入れてもらってない状態では何を言っても無駄です。

4 の人が話を聞いてくれない

　〔4の人〕は怒ってますね。〔4の人〕は怒ると黙る人です。関係回復には「何が失礼だったか」を聞いて、謝る必要があります。また、そうは見えなくても不安でドキドキしていることもありますので、スケジュールやお金のことについて見通しを示してあげると緊張がゆるむはずです。

4 の人への **NICEワード**	4 の人への **NGワード**
「あなたなりの方法で **じっくり考えて進めてね」** **「お任せします」**	**「あとで決めよう」** **「失敗するかもしれないけど」**
裁量権と信頼を示す言葉がよい。	先行きが不透明だったり、 不安をあおる言葉はダメ。

4の親あるある

　我が子に対して、デキる人になってほしいという理想があります。子どもへの要求が高かったり、厳しかったりするかもしれません。子どもを大切に思う気持ちから、ルールや約束事を決めて守らせます。守られていることに安らぎを覚えるか窮屈で厳しいと感じるか、子どもによってとらえ方もさまざまでしょう。将来を心配するあまり子離れができないのも〔4の親〕の特徴です。

4の子あるある（思春期までの性質）

　〔4の子〕はちょっとイライラしています。世の中は理不尽で自分の思い通りにならないことが多すぎます。自分のタイミングや理想とはかけ離れた要求でいっぱいだと感じるのです。「いつまでに」という具体的な日時や、「〇〇点とれば合格」といった具体的な数字の目安がわかると、気持ちが落ち着いてきます。

4の人が心を閉ざしてしまったら

　自分を守ることに必死になっているので、まず安心できる情報を伝えてあげてください。そして「あなたは間違っていない」と肩をポンポンしてあげましょう。〔4の人〕にはスキンシップが有効です。心を閉ざすと体も冷え固まるので、温泉に誘うとよいでしょう。植物や土に触れていると元気が出る人でもあります。

4 の人 トリセツ

批判に弱く「貝になる」。
怒っているというより不安。

1. 「あなたは正しい」とまずは尊重。
2. 気心が知れるとすごく深い
　愛情を持ってくれる。
3. 「〔4の人〕は、本当はものすごくあたたかい」と
　あなたのほうから信じること。

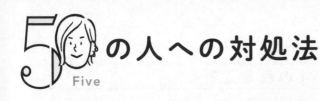

5 の人への対処法

Five

5 の人に好かれたい

〔5の人〕は自分を受け入れてくれる人が大好きです。「会いたかったんだ！」「どうしてるか気になってたんだ！」と、好意を明るくハッキリと表明すると、好きになってくれます。恋愛においては、アプローチすると割とかんたんに付き合ってくれる人です。浮気性、飽き性であることを心に留め置き、まずはお酒や食事に誘いましょう！

5 の人が逃げてしまった

つらいことがあると現実から逃げ出します。仕事でトラブルに直面して、会社に来なくなってしまったり、酒に溺れたり。責任を問われ続けると心を病むこともあるのです。まわりの人は「この人は、場を活性化するアイドルで、責任を取ったり問題を解決したりする人ではない」と理解を示してほしいです。逃げてしまったことを責めずに、いっしょに笑ってあげると戻ってきてくれます。

5 の人の真意がつかめない

〔5の人〕は「いまこの瞬間」を生きている人です。先のことは考えていません。ですから「気が変わった」という理由で、前の発言を撤回するということはよくあります。「真意はそのときそのときで変わる」のです。

5 の人への NICEワード	5 の人への NGワード
「かっこいい！」 「若い！」	「老けたね」 「疲れてる？」
外見をほめられるのが うれしい人です。	人からかっこ悪く見られること、 老いや病気は〔5の人〕にとって恐怖です。

5 の親あるある

子どもといっしょに、楽しいことやおもしろいことをしたい親です。反面、子どもの悪い面、困った面は見たくない人。叱ることも苦手なので、楽しさと自由さ優先で、ネガティブな案件には向き合いません。配偶者は大変ですが、そこは役割分担で「楽しいこと担当の親」でいいのではないでしょうか。

5 の子あるある（思春期までの性質）

歌ったり踊ったり、自由に振る舞うかわいい子です。ダメと言われたことを嬉々としてやって大人に注目されるのが好き。叱られても平気です。〔5の子〕に言うことを聞かせたいときは、情に訴えかけるしかありません。泣いて見せるとか。やさしい子なのでほだされるでしょう。

5 の人がへこんでいたら

「あなたはかっこいいよ」と言ってあげてください。〔5の人〕はとにかくかっこよく生きていたいのです。〔5の人〕は落ち込むと人前に出ないくせがあります。姿を見せないときは、落ち込んでいるのかもしれませんよ。ぜひ連絡を取ってみてください。「顔が見たいんだ。飲もうよ」。〔5の人〕はきっと喜びます。

5 の人 トリセツ

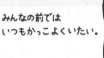

弱っている姿は見られたくない。
年もとりたくない。

みんなの前では
いつもかっこよくいたい。

1. 「かっこいい」が効く。

2. 人間が好きなので、飲みに誘うと
   喜ぶし、その場にいるだけで盛り上がる。

3. 批判すると逃げてつかまらない。責めても無駄。

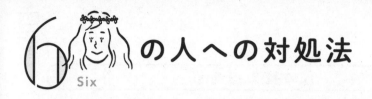

6 の人への対処法

Six

6の人に好かれたい

あなたの好意が伝われば仲良くなるのは難しくはありません。「ありがとう」の気持ちを伝えるのが重要。やってもらったことに対しては、かならず感謝の言葉を。外見やファッションをほめるのも〇。プレゼントも有効です。「高価でセンスのいい物（お菓子がいい）をほんの少し」というのがポイント♡　ダサいプレゼントは評価を下げます。

6の人がイライラしている

〔6の人〕はやきもち焼き。かわいい少女がすねている状態を想像してもらえればいいと思います。話しかけてほしい、こっちを向いてほしいとき（つまりさみしいとき）にイライラして見えたりします。

6の人に意地悪されている人へ

やきもちからの意地悪です。相手より強くなるか離れるか。そのいずれかしかないでしょうね。強くなるというのは、味方をつけて政治的に強くなるという意味。立場の変化を敏感に察してくれます。〔6の人〕から離れたいときは、「キライだ」ってひとこと言えば終わります。すごく傷つけてしまいますが、追ってはきません。

6の人への
NICEワード

「ありがとう」
「あなたがいてくれてうれしい」

愛や感謝の言葉は、
言って言いすぎることはありません。

6の人への
NGワード

「〇〇さんのほうがよかったかなあ」
「なぜできないの？」

他人と比べてけなされると致命傷に。
能力のなさへの指摘も×。

6 の親あるある

常に「素敵な人」でいたいので、子どもにも「素敵さ」を要求します。「我が子がダサいなんてゆるせない！」という気持ちから、服や持ち物、言動に口を出してしまうのです。素敵至上主義ですね。かわいく育てるのが親の生きがいで、それが〔6の親〕の愛なのです。

6 の子あるある（思春期までの性質）

〔6の子〕に勝てる親は少ないでしょう。だってかわいいもの。親の急所をよく知っています。にっこり笑ったり、甘えたり。親はだまされているのを知っていながら〔6の子〕の言うことを聞いてしまいます。でもそれでいいのです。逆に〔6の子〕を厳しく叱ると、大きな傷になってしまうことも。ほめて、甘やかして育てましょう。

6 の人が静かにしていたら（落ち込んでいます）

らせん階段をしずしずと降りていくようなイメージで、「自分に自信がないモード」に入ります。一度落ち込むと長引きます。地下に潜った〔6の人〕を引き上げるのは、「あなたのおかげで、会社に来るのが楽しい」「あなたの企画がいちばんよかった」などの言葉。最後に「本当にありがとう」。ありがとうを忘れずに。

6 の人 トリセツ

どうせ私なんて

落ち込むと長引く。
「ありがとう」「助かる」
「かわいい！」の
言葉がけが必要。

1. 「ありがとう」が効く。

2. キラキラしているように見えても自己評価が低いことを理解する。

3. スマートさ、素敵さが大事なので、ダサいことをしない。

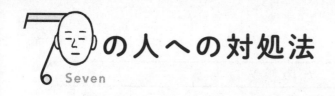

7の人への対処法

Seven

7の人との付き合い方

〔7の人〕の人間関係は「興味があるかないか」の二択。興味のない人であれば、何を言われても何をされても気になりません。誘いも躊躇なく断りますから、もし断られても気にしないこと。そこに他意はありません。時に冷たく偏屈に思えますが、〔7の人〕は思考や着眼点が独特で、話せばおもしろいはずですよ。話しかけてみて。

7の人と仕事をしたい

〔7の人〕との仕事はやりやすいはず。私情をはさまず論理的ですから。既読スルーや無反応も、面倒くさいだけで嫌いという意味ではなく、ひとりでコツコツ仕事したいだけ。放っておいてあげましょう。仕事の話題であっても、〔7の人〕のほうから話しかけてくるときは、あなたに好意を持っています。

7の人と距離を感じる

〔7の人〕が気配を消しているときってありますよね。そういうときは何も考えていません。嫌われているとか、機嫌を損ねているとか心配しなくても大丈夫。情緒や思いやりを期待しなければ、とても付き合いやすい相手です。

7の人への NICEワード	7の人への NGワード
「会えてうれしい」	「いつまでもいっしょにいようね」
ウェットなのは苦手だけど、好意を示されるとうれしい。	「昨日何してたの？ だれと？」
	拘束や詮索がほんとうに嫌い。

7の親あるある

〔7の親〕の愛情表現は控えめです。子どもを子ども扱いせず、ひとりの人間として尊重します。深い愛情を持っていますが、「子どもにべったり」「たくさん抱っこ」という接し方にはなりません。自立心の強い子どもにとっては〔7の親〕の尊重と見守りがうれしいはずです。反対に、言葉や態度でたっぷりの愛情を見せてほしい子どもは、さみしく感じることもあるでしょう。

7の子あるある（思春期までの性質）

育てやすい子どもです。なんでもわかっているような風情です。オムツがすぐに取れたり、同じ過ちを繰り返さない慎重さがあったりと手がかかりません。どんなに小さくても何かを悟っている賢い子どもです。親からするともっと甘えてほしい、親の出番をつくってほしいな、と思ってしまうかもしれません。たまに甘えたいときもあるようです。

7の人が落ち込んでいたら

〔7の人〕の落ち込みは、まわりからはわかりにくいはずです。もともと感情を表に出さないタイプの人なので。仕事で失敗をして、明らかに落ち込んでいるときには、コーヒーを買ってあげたり、「あなたが心配だから」と声をかけたりしてみてください。クールで近づきがたい人でも、喜んでくれます。〔7の人〕のハートは意外と熱いのです。

7 の人トリセツ

みんなバカだな……

1. 無言でいてもご機嫌かも。怖がらずに話しかける。

どんなに小さくても、「見えている」ので、自分以外をバカだと感じる。

2. 人と長くいっしょにいると疲れるので拘束しない。

3. とっつきにくいと敬遠せず、遊びに誘おう。

8の人への対処法

Eight

8の人との付き合い方

〔8の人〕にとっていちばん大切なのは、自分の品格とプライド。ですから〔8の人〕をおとしめるような発言は、冗談であっても厳禁です。弱みを見せるのが苦手な人なので、失敗も見て見ぬふりをする、秘密（たいていは隠すほどでもないささやかなこと）をつつかないなど尊重を。友だちを大切にする人ですが、上から意見されることを嫌います。

8の人と仕事をするとき

失敗がゆるされないと強く思い込んでいます。ですからいっしょに仕事をする人のミス、特にケアレスミスのような慎重さに欠ける行為を嫌います。ミスと隠しごとをしないことさえ気をつければ心強く頼もしい仲間です。〔8の人〕は生まれ持った金運もあるので、同じ波に乗れればともに成功できます。

8の人と距離を感じるとき

人をよく観察し値踏みをしています。ていねいな言葉づかいで誠実な気持ちを表現する必要があります。人によって態度を変えないことは重要。〔8の人〕はいつも真の味方を探しています。あなたに〔8の人〕への好意があればきっと仲良くなれます。

8の人への
NICEワード

「ともに戦っていきましょう」
「ついていきます」
忠誠を誓う言葉がうれしい。

8の人への
NGワード

「かわいそう」
バカにしたり見下したりする
発言は絶対にダメ。
同情はプライドを傷つける。

8 の親あるある

親の責任や親のなすべきことをまじめに考え、子育てにも努力を惜しみません。そして、自分の子どもなのだからほかの子よりもすばらしい能力を持っているはずだと信じています。「最高を目指す」ことを子どもに期待し、子どもにも努力を要求します。自分が手本となって子どもを律する親です。

8 の子あるある（思春期までの性質）

繊細な子どもです。自分にも他人にも厳しい。自分で決めた目標に向かって努力をします。逆に、プライドの高さゆえ失敗を恐れるあまり「何もしない」こともあります。子どものうちに失敗体験＆成功体験を重ねることが、以後の人生においてとても大切なことです。また、自分より小さい子を慈しみ、弱きを助けるという信念があります。

8 の人が大丈夫だ！と言っているとき

〔8の人〕は人に弱みを見せません。雰囲気も落ち着いて立派な人なので、まわりは落ち込みに気づかないことも多いでしょう。「大丈夫！」と言葉に出しているときほど、内面はピンチのはずです。プライドの高い人なのでなぐさめ方は難しいのですが「私はあなたの味方だ。それは今後も変わらない」という言葉で安心するはずです。

8 の人 トリセツ

大丈夫！

失敗を笑ってすますことができない。

1. 下品な言葉づかいや砕けすぎた態度はダメ。

2. 利用しようとしてもバレる。
   誠実に向き合うこと。

3. 「大丈夫だ」「平気」と言っているときこそよりそう。

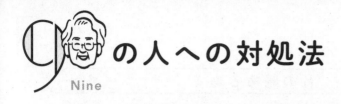

9の人への対処法

Nine

9の人との付き合い方

〔9の人〕って親切です。いつも気にかけてくれる感じ。なんでもわかっていて手取り足取り教えてくれます。それがうれしい人は問題ないですよね。でも「いちいちうるさいなぁ」とうとましく思う人も。もし〔9の人〕のアドバイスや提案を拒否するときは、その親切心に対しての拒否なのだということを忘れないでほしいです。いい人なのです。

9の人がうとましいとき

〔9の人〕は人が好きで人のなかで生きています。非難されるのはこたえます。彼らの親切がおせっかいだと思ったときでも、やんわり「ありがとうございます。これ以上は自分でできます!」と言ってみてください。ポイントは「自分でできる」というところです。またグチっぽい発言にイヤな気持ちになることもあるでしょうが、気苦労が多いんだなと理解してほしいです。

9の人と仕事をするとき

「責任は取ってくださいね」とひと言念押しを。物事を丸く収めたい〔9の人〕は責任の所在をあやふやにすることがあります。また、考えるのは得意、でも行動を起こすのを躊躇してしまう〔9の人〕なので、実行部隊はほかの数字の人のほうがうまくいきます。

9の人への
NICEワード

「教えてくれてありがとう」
「いつも心配してくれてるよね」

親切な振る舞いに感謝の言葉を。

9の人への
NGワード

「おせっかいだ」

善意からの行動なので傷つきます。

9の親あるある

　人を指導することが向いているので、よい親になります。子どもの将来を見据えて最適なルートを示します。ただ、常識を重視するのでそこにはまらない子はつらいし、子どもの自由度が妨げられ、視野が狭くなるかもしれません。子どもをかわいがるあまり過干渉気味になることもありそうです。子どもとの距離の取り方が課題です。

9の子あるある（思春期までの性質）

　親の間違いを指摘したり、親をさしおいてほかの大人たちと交渉したり。しっかりしています。親の心配は必要ないかもしれません。よく考える子どもなので勉強ができたり世渡り上手だったり、小さな老人のように物知りです。周囲の大人たちは子どもだと思わないで、ひとりの大人として接するとよいでしょう。

9の人がガッカリしている

　〔9の人〕はショックに慣れているところがあります。百戦錬磨という感じです。落ち込んでいても、話を聞いてあげれば自分で折り合いをつけて浮上してくるでしょう。ただ孤立している場合は別です。人間が好きな〔9の人〕には人間が必要なのです。〔9の人〕のピンチに気づいたならばそばにいて。ひとりで泣かせないでください。

⑨の人トリセツ

なんであの子はちゃんとできないんだろうねー

ふだん調整役としてがんばっているのでグチは聞いてあげよう。

1. 断るときはやんわりと伝えて。
2. 責任の所在をハッキリさせる。
3. ときどき矛盾が生じるけど、嘘つきだと責めないで。裏表があるのは思いやりから。

11 の人への対処法

Eleven

11 の人との付き合い方

〔11の人〕は本当のことしか言いません。だからこそ言われたほうはグサッと傷つくことがあります。〔11の人〕と付き合うときに覚えておいてほしいのは、〔11の人〕の言葉は、100%相手のために発せられていること。「言ってスッキリしたい、攻撃したい、自分の正義感を満たす」というエゴはありません。言われたら少なくとも自分を振り返るきっかけにはしてください。チャンスをもらったと思ってね。

11 の人がうとましいとき

〔11の人〕に対して、「言われなくてもわかってるよ！」と思うことがしばしばあるはずです。そのまま率直に伝えて大丈夫です。〔11の人〕は言い返されても平気。慣れてますから。ただ、無私の善意だけは理解してください。そこを否定されたらあまりにも気の毒だと思います。

11 の人と仕事をするとき

カンが鋭く意見をハッキリ言う人なので仕事仲間としてはやりやすいはずです。言いたいことがあるときは上司であっても本音をぶつけるといいでしょう。かならず誠実に対応してくれます。

11 の人への NICEワード	11 の人への NGワード
「ありがとう」 「あなたは正しいよ」	「頼んでないよ」 「あなたには関係ないじゃないか」
感謝や肯定を求めて人助けをしていませんが、それでもうれしいはず。	関係なくても人助けのために体が動く人なのです。

11の親あるある

　しっかりした親です。言っていることにブレがないので子どもとしては安心できます。視野が広くいろんな可能性を考えてくれるので、相談相手としては最適です。ただし子どもより困っている他人を優先することが多く、さみしく感じることも。「自分の子どもは大丈夫」と信頼しているのです。よその子と分け隔てなく大切にしてくれる心の広い親です。

11の子あるある（思春期までの性質）

　カンの鋭い子どもです。この数字の子どもは見えないものが見えたりすることも多いようです。学校や習い事など子どもがたくさん集まる場所ではリーダーシップを発揮します。しかし目立つことが災いしてトラブルになることも。精神力の強い子なので自分で解決できるかもしれません。大人としてはまず見守ることが最善です。

11の人が落ち込んでいたら

　心が強い人ですが、けっこう落ち込んでいるんですよ。人助けのために「火中の栗を拾う」ので、ほかの数字の人よりも苦労が多いのです。自分で立ち直れますが、やはり味方や仲間が助けになることは間違いありません。直接なぐさめる必要はありませんが、話を聞いてあげるとよいでしょう。

11の人 トリセツ

もう行かなきゃ！

人助けで忙しくて休むのが苦手。
無理やりにでも森林に連れ出そう。

1. 「厳しいことを言ってくれてありがとう！」と思おう。

2. イヤなときはハッキリ言い返していい。強い人だから。

3. 落ち込んでいるときは「あなたは正しい」。それだけを伝えて。

131

22の人への対処法

TwentyTwo

22の人との付き合い方

いろいろなタイプの〔22の人〕がいますが、共通しているのは意志が強いことです。穏やかでやさしい雰囲気の人でも、強い決意があるので、付き合うときには甘く見ないこと。弱い者には寛大な人です。困ったときは相談し甘えていいと思います。しかし、〔22の人〕がだれかに相談することはまずありません。不安がないし、他人の助けを必要としない強さの持ち主です。

22の人がうとましいとき

いつも思い通りに事を進めようとする態度が、鼻につくことがあるかもしれません。しかし〔22の人〕に挑戦するようなことはおすすめしません。不満や文句を伝えたら、〔22の人〕はきっとガッカリして離れていくと思います。人のために動いているからです。まず〔22の人〕の方針にしたがってみてください。近くにいればきっといいことがあるはずです。

22の人と仕事をするとき

自分のやりたいことをあきらめて、〔22の人〕の意にしたがうことになっても、〔22の人〕といっしょに仕事できるなんてラッキーだと思います。大きなチャンス、大きな出会いを与えてくれます。未来を楽しみにしていてください。失敗したときには正直に話してみましょう。ゆるしてくれる人です。

22の人への NICEワード

「ありがとうございます」

22の人への NGワード

特にありません。
一般的に失礼なことを
言わなければ。

22 の親あるある

　仕事や社会活動で忙しい親です。子どもは見捨てられたような気持ちになるかもしれません。それもこれも〔22の人〕が他人に相談しないのが理由です。しかし仕事（人生のミッション）が終わったら、ふつうのやさしいお父さんやお母さんとして帰ってきます。

22 の子あるある（思春期までの性質）

　最近まで〔22の子〕は数秘の教科書通り〔4の子〕として鑑定していました。しかし、明らかに違う点が見えてきました。22：周囲のことを気にしない。4：社会性があり浮くのは居心地が悪い。22：変化に強い。4：変化に弱い。共通点は、数字や説明文が好き、自分で決めないと気がすまないところです。現実的な〔4の子〕に対して、空想で「自分の世界」を作り上げるのが〔22の子〕の特色です。

22 の人が落ち込んでいたら

　〔22の人〕が落ち込む原因は自分のことではなく、家族や部下について。大切にしているだれかに問題があるとき、〔22の人〕でもどうしてよいかわかりません。何があったのか聞いてみましょう。そしていっしょに解決できる道を探してあげてください。

22 の人 トリセツ

若くても「大物感」ただよう。みんながいろいろやってくれるのが「ふつう」なので、感謝し忘れることもある。

1. 人に相談しないで勝手に決める人。びっくりしないように！

2. 自分で決めたことは翻さないので「言っても無駄」の典型。

3. 困ったときには助けてくれる。怖がらないでむしろ甘えて。

33 の人への対処法
ThirtyThree

33 の人との付き合い方

〔33の人〕はだれに対しても公平に同じ気持ちでいます。たとえば敵対するふたりがいたとして、どちらかに肩入れするようなことはせず、目の前にいるほうを優先します。そのような態度を裏切りだと思う人もいるでしょう。〔33の人〕は「いつも本心」で裏切りの感覚はありません。〔33の人〕に期待できるのは、誠実さよりも居心地のよさだと知ってください。家族でも恋人でも決して独り占めはできないのです。

33 の人にイライラするとき

優柔不断です。真意がわからずイライラすることも多いはず。そういうときにはイエスかノーで答えられる聞き方をしてください。「行く？」「やる？」と。基本的には流されて輝く人なので、うまく誘導するとよいのです。

33 の人と仕事をするとき

超優秀な人から社会的に逸脱している人まで、いろいろなタイプの〔33の人〕がいます。共通しているのは決断が苦手なこと。「決めてください」というと時間がかかるので、「この範囲のなかで最高のパフォーマンスを発揮してほしい」と限定すると動けます。

33 の人への NICEワード

「そうそう！」
「私もそう思う」

目の前の人の共感が
エネルギーになります。

33 の人への NGワード

「私はそうは思わない」
「あなたは間違っている」

否定されると混乱します。

33 の親あるある

　子どもを自由にしてあげたいと思っています。社会通念に縛られないように。自分の子どもだけでなく、よその子もかわいがるので、我が子はやきもちを焼くでしょう。実の子でさえも〔33の人〕を独占はできないのです。〔33の人〕の家族観は独特で、決して馴れ合うことがありません。だれにでもやさしい親です。

33 の子あるある

「33日」がないので、「魂の数33」はありません。ふつうは「6」で鑑定するので、123ページをご覧ください。以下は「鍵の数33」の人へのメッセージです。
　〔33の人〕は何かしら大きなテーマを持っていて、かなり年齢が進んでからそのことに気がつきます。テーマとは使命とも人生の意味ともいえることです。そのテーマに子ども時代にすでに出会っていることが多いようです。

33 の人が落ち込んでいたら

　場の雰囲気に流されて生きている人なのに、悩みは「人とわかり合えないこと」だったりします。〔33の人〕が落ち込んでいるときには「私はあなたと同感だよ〜」と言ってあげてください。また意外なこと（遠くのニュース）に本気で傷ついていたりもします。

だれのものにもならない。派閥にも入らない。
みんなの味方（＝だれの味方でもない）

33 の人 トリセツ

1. 強い意見に流される人。悪気はないので信用できない人とは思わないで。

2. 断るのが苦手。乗り気でなくても何度か誘ってみると気が変わるかも。

3. だれにでもやさしいのでやきもちを焼かないこと。

第4章

相性大事典

Encyclopedia
of
compatibility

怒涛の78通り

いよいよ本書のメイン「相性大事典」の章です。

28～29pで算出した「鍵の数」で占います。2章と3章を読み、「魂の数」のほうがピンとくる人は、そちらを見てください。

「78通りの相性」というお題で書き始めました。いつも鑑定でやっていることだからかんたんだろうと思ったのですが……実際はものすごく大変！　なぜなら、鑑定で「生の人間」にお会いするからこそ、数秘占いが単純なものではないことを、よくよく知っていたからです。水素と酸素で水ができるみたいに「かならずこうなる」という決まりはありません。

いろんな可能性のなかから、こんな化学反応になりそうだ、ということを原稿にしましたが、「きっとこうなる……でも全然違うかも！」とほかの可能性も浮かんで、頭のなかがぐるぐるしてしまいました。

「大人の数字」の複雑さ

1～5の数字が小さい人のことは書きやすいのですが、6→7→8→9と上がっていくうちにどんどんわかりにくくなっていきます。たとえば、傷つきやすい（でも顔には出さない）、好きそうな態度（でも内心いやがっている）など、6～9は、本音とタテマエ、表と裏、外と中、多面体という感じなので言い切るの

が難しい。そこに別の人が掛け合わさって人間関係ができるわけで、「相性」を語るのは、この上なく複雑です。

またゾロ目の22と33には困らされました。22はそもそも情報量が少なく、見ていない組み合わせもありました。33はあまりに人格に差があり、「こういうものだ」と言い切ることが難しいのです。ちょっと自信がないところです。

数字は数字でしかない

恋人や家族、同僚、友だち。数字だけ見ると、合いそうにない組み合わせであっても、実際は長く夫婦で暮らしていたりビジネスパートナーとして会社を発展させていたりする方にもお会いしてきました。3×7のように、数秘上はまったく合わないのになぜか惹かれ合って年中ケンカしているカップルも多いのです。

ここに書いてある相性も「あー、相性よくないな、ダメなんだ」とは思わないでほしいです。「合わない部分も好き」ということも現実ではよくあるからです！
数字はただの数字でしかないのです。読者のみなさんが、知的に使いこなしてくれることを望みます！

＊2×22、3×22、22×22の「組み合わせ」にお会いしたことはありません。
歴史上の人物や有名人を研究し仮説と想像で書いていることをご了承ください。

1×1
大きな鏡

〔1の人〕同士は、一見するとどちらがイニシアティブをとるかでもめそうですが、案外うまくいきます。まっすぐで誠実なふたり組で安心感がある。肩を並べるようないい力関係になります。おっちょこちょいなところがあるので、ふたりのうちどちらかが冷静に見極める部分を担えるとパーフェクトでしょう。明るい声の響く場になるはずです。でもケンカをしたときはハードですね。鏡だと思っておたがいを見つめましょう。

仕事仲間としては

仕事を本気でがんばりたい、結果を出したいと思う人です。ふたりで仕事をするということは、切磋琢磨して成功を目指すか、相手に負けたくなくてイライラするかのどちらかでしょう。せっかく素直な〔1の人〕同士の組み合わせなので、「がんばってるな！　自分もがんばるよ！」と励まし合う関係になってほしいものです。仲間を大切にする人です。大きな成果を分け合うことができます。

恋の相手・結婚相手としては

立派さ、おおらかさ、やさしさのツボをふたりで確認しあうようなカップルです。〔1の人〕は好きだから付き合う、好きだから結婚する人です（ほかの数字の人はそんなにシンプルではありません）。ただ〔1の人〕は結婚すると安心して相手をないがしろにするようなところがあります。「釣った魚にエサをやらない」問題です。裏切ることはないのですが、そばにいる人に思いやりの気持ちを持つことは大切です。気をつけて。

親子としては

1同士の親子「熱い愛情」

親は子を支配したいと思い、子は親の言う通りになんかしたくないと思います。少し大きくなったら子どものほうが受け流してほしいと思います。「親の言うことを聞くのが当たり前だろう！」という気持ちが透けて見えるでしょうが。同じ目標や同じ志向を持つと親子の枠を越えた強力なきずなが生まれます。しかし反目するときにも同じ熱量で大ゲンカ。どちらも力があるのでバトルになっても大丈夫。愛のある親子です。

うまくいかないときの対処法

・肩を並べる仲間を探している者同士。信頼できる相手だとおたがいにわかっているはず。
・うまくいかないように見えても内心ではおたがいエールを送り合う正しいライバル関係。
・ケンカしたら、相手への評価を口に出してみるとよい。「すごいね。私にはできないよ」。
　素直な人なので効き目大。

1 × 2

居心地の
よいカフェ

圧倒的に〔1の人〕が引っ張る関係です。アクティブかつポジティブな〔1の人〕を〔2の人〕が支えます。だれかのためになりたい〔2の人〕にとって〔1の人〕はピッタリの相手です。〔1の人〕も健気な〔2の人〕に感謝と愛情を感じるはずです。これだけ力関係がハッキリしていると、トラブルにもなりません。ひとつ気をつけたいのは〔1の人〕が〔2の人〕の献身を当たり前だと思わないことです。感謝してください。

仕事仲間としては

力関係としては〔1の人〕のほうが上ですが、職場の立場では〔2の人〕が上司の場合もあるでしょう。その場合は〔1の人〕にとっては大変居心地のいい仕事環境になります。〔2の人〕がいる場所は、ホスピタリティがすみずみまで行き届いているからです。〔1の人〕はゴネて〔2の人〕を困らせないように。〔1の人〕が上司の場合は言葉づかいをやさしく。大声はやめてください。絶対ダメ。

恋の相手・結婚相手としては

〔1の人〕が〔2の人〕を好きになるパターン。ライバルは多いでしょうが強引な求愛に弱い〔2の人〕なので、カップル成立率は高いのでは？〔1の人〕は〔2の人〕を一途に愛するでしょう。結婚した場合は、〔1の人〕は〔2の人〕に愛情表現と感謝を忘れずに。「安心できる場をつくってあげる」という決意で。〔2の人〕が幸せになれるかどうかは全部〔1の人〕にかかっているのですよ。責任重大です。

親子としては

1が親で2が子ども「親が強すぎる」

〔1の親〕が大きな声でビックリさせ、〔2の子〕はビクビクしています。〔2の子〕は物わかりのいい子なのでガミガミ言う必要はありません。想像以上にまわりに気をつかっている子どもです。ケアしてあげてください。

2が親で1が子ども「いつでも子が帰れる」

〔2の親〕はいつも〔1の子〕の帰りを待っています。子どもが気になってしかたがありません。しかし〔1の子〕は自立した子。親を頼りません。でも疲れたときには〔2の親〕のもとへ帰ってきます。

うまくいかないときの対処法

・おたがい干渉しすぎることがトラブルの原因に。相手を気にしないくらいがいい。
・〔1の人〕の干渉は支配で、それがうまくいかないと怒りに変わる。〔2の人〕は繊細なので震え上がってしまう。〔2の人〕の干渉は、自分に関心があるのか確かめたいから。「しつこい！」と〔1の人〕は思う。
・ふたりのいさかいは、愛情深いからこそ。気持ちのなかでちょっぴり距離を取るのがいい。

1×3 にぎやかなパーティー

明るく活動的なふたりです。惹かれ合うでしょうが、〔3の人〕の気まぐれに〔1の人〕がうんざりしてしまうかも。〔3の人〕よりも〔1の人〕のほうが相手を想う気持ちが強いようですね。〔3の人〕は居心地のよい関係を当たり前だと思って感謝しません。1も3も刺激を求めるのでにぎやかな場所、流行の最先端の遊びを楽しむでしょう。ふたりのまわりには、たくさんの友人が集まります。華やかなチームの中心人物といった感じです。

仕事仲間としては

職場が明るく楽しくなるでしょう。〔3の人〕がいるだけでその場がキラキラと輝きます。〔1の人〕は仕事にまじめで怠けることをゆるしませんが、〔3の人〕がいれば場がゆるみ、明るい雰囲気になります。〔3の人〕もやりたい仕事に関しては一生懸命で向上心がある人です。〔1の人〕の強い言い方に傷つく人も多いのですが、〔3の人〕はスルーできます。

恋の相手・結婚相手としては

〔1の人〕がひと目惚れするかもしれません。〔3の人〕は宝物のようにキラキラ輝いていますから。でも振り回されることに慣れていない〔1の人〕とは衝突も多そう。「大好き！でも腹が立つ！」と思い合っているはず。結婚したら〔1の人〕が〔3の人〕の自由を認めてさえあげれば、うまくいきます。〔1の人〕が相手を思い通りにしようとすれば、〔3の人〕のエネルギーが消耗してしまいます。

親子としては

1が親で3が子ども「親が手を焼く」

〔3の子〕は親の言うことを全然聞きません。でも、〔1の親〕は3の娘や息子のかわいさには勝てず喜んで尽くします。親子としては最高の相性でしょう。

3が親で1が子ども「気楽なふたり」

〔3の親〕は支配しないので子どもは気楽です。〔1の子〕が大人になったころには、親は違う楽しみで頭がいっぱいになっていそう。孫がいればぞっこんでしょうが、そうでなければ子どものことを忘れているかも。

うまくいかないときの対処法

・ぶつかると大ゲンカに。ふたりとも感情の起伏が激しいので、ぶつかってすぐ関係を修復するのは難しい。もめたら冷却期間を置いて（長くても1週間）落ち着いたところで話す。
・「もうイヤだ！」と投げ出すのは〔3の人〕のほう。後先を考えずに気分で行動するので。
・うまくいかなくても、いつかなんとなく和睦するので、ケンカしたまま放っておいてもよい。

1×4

集中力を
高め合う

まじめなふたりです。ふたりの共通点は誠実さ。嘘や卑怯さを嫌います。言うことがぶれない〔4の人〕を、〔1の人〕は信頼しています。ただし〔1の人〕の率直すぎる言動でいっしょにいると自分まで損をしてしまうと〔4の人〕が判断した場合には、無言でその場所を立ち去るかもしれません。そのとき、1は4をずるいと責めないでほしいです。〔1の人〕のほうが〔4の人〕よりもずっと強い精神力を持っているのです。

仕事仲間としては

すごい集中力で仕事していそうなふたり。〔1の人〕は仲間をほしがる人です。〔4の人〕はかたい印象がありますが仲間と認めた人には思いやりがあるので、信頼できるパートナーになりえます。1も4も仕事の能力が高く、動の〔1の人〕と静の〔4の人〕で確実な成果を出せるでしょう。〔4の人〕が弱みを見せることができれば、情に厚い〔1の人〕とのあいだにきずなが生まれます。

恋の相手・結婚相手としては

友だちから始まる恋です。〔1の人〕も〔4の人〕も初対面で恋に落ちるとは思えません。おたがいのよさは長い時間をすごしてはじめてわかるでしょう。「こんなにやさしい人だったの?」と驚く瞬間がやってきます。付き合い出せば長く続きます。一度生まれたきずなは強靭です。結婚の相性もよいと思います。勢いで動いてしまう〔1の人〕に対して、ビシッと締める〔4の人〕。安定感のある結婚生活になるでしょう。

親子としては

1が親で4が子ども「緊張感がただよう」

〔4の子〕には反骨心があります。〔1の親〕はただ「子どもがかわいい♡」だけなので反抗されると自分のせいかと意味理由を問い、そこに緊張が生まれます。心配ないんですけどね。

4が親で1が子ども「正しい親子」

安定感のある〔4の親〕です。ルールがぶれず、〔1の子〕は安心してわがままを言って叱られることができます。正しい親子関係。1は開拓者の数字です。〔4の親〕は子どもが新しいことをするとき、止めないように。

うまくいかないときの対処法

・〔4の人〕がかたくなになってしまい心のシャッターを閉めるパターン。4が「もう話もしたくない!」と言っているのに、1はグイグイ「なんで? どうして?」と迫ってくる。
・〔4の人〕には判断する時間が必要なので、情報を与えて待つ。決して急かさない。
・〔1の人〕が怒ったときは、あまり深刻にならず、心をこめて「ごめんね」と言えたらパーフェクト。

1×5 プロレス観戦

1の目的志向に5の快楽主義が合わさり、とても熱量のある組み合わせになります。プロレス観戦の熱気を彷彿とさせるふたり、活動的でポジティブ、おもしろいものが集まってきそう。目的志向が強いゆえに真剣すぎる〔1の人〕を、5の気楽さがリラックスさせてくれます。ただし〔5の人〕がいつも〔1の人〕の横にいてくれるとは限りません。人気者すぎるのです。距離が離れると、〔1の人〕はさみしく思うでしょう。

仕事仲間としては

〔5の人〕が考えついた企画を〔1の人〕が実行に移す。カンが鋭く発想が豊かな〔5の人〕は、〔1の人〕をハッとさせるすばらしい提案をしてくれるはず。〔1の人〕は〔5の人〕のちゃらんぽらんな部分を強いリーダーシップでまとめていけます。仕事の相手としてはすごくいいでしょう。

恋の相手・結婚相手としては

〔1の人〕は自分から好きになって付き合いたいタイプ。受け身ではありません。一方〔5の人〕は告白されて付き合うことも多く、貞操観念も希薄です。素敵なカップルになるふたりですが、〔5の人〕は生まれ持った「エロス」があり、ライバルが多いので浮気も心配。結婚した場合、〔1の人〕はいつまでも「素敵な恋人」でいる必要があります。〔5の人〕はパートナーに異性としての魅力を求め続けます。一生「男・女」でありたい人なのです。

親子としては

1が親で5が子ども「ファンクラブ会長」

〔1の親〕は5の娘や息子のファンです。我が子が大好き。自慢でたまりません。ただ〔1の親〕は5の「ナイーブさ」には気がつかず、ズバズバ言って傷つけることも。でも親の愛情は子に伝わっているはずです。

5が親で1が子ども「いっしょに楽しむ」

〔5の親〕は楽しむことの天才。子連れでキャンプや旅行に行き楽しい思い出をたくさん作ります。〔1の子〕は人生の楽しみ方を親から教えてもらうのです。教育やしつけは面倒で逃げるので、もう片方の親の仕事です。

うまくいかないときの対処法

- 合わない部分があるとすれば「責任感」。〔1の人〕は誠実に責任を果たす。〔5の人〕はそんな重いものからは逃げたい。
- もめている真っ最中でも、〔1の人〕は〔5の人〕を、なんとなくゆるしたいなと思う。
- 〔5の人〕が「ごめんなさい」と言えばたいていゆるされるので、少々のことでは仲が悪くならない組み合わせ。

1 × 6

勇者と姫

男性的な〔1の人〕と女性的な〔6の人〕。友人関係ならば〔6の人〕の魅力と素敵さに〔1の人〕があこがれるでしょう。しかしパブリックな場など情をはさみたくない関係では〔6の人〕を重いと感じてしまうかも。〔6の人〕に能力があるのは周知の事実なのに、いちいち賞賛を求めたり、「ありがとう」を待ってしまうところです。〔6の人〕の人間関係の「うまさ」は正直すぎる〔1の人〕にとって頼りになるでしょう。

仕事仲間としては

〔6の人〕はほめられて結果を出します。そのことを〔1の人〕は肝に銘じなくてはいけません。〔6の人〕をほめる、感謝する。それでおたがい気持ちよく仕事ができます。感謝の気持ちを伝えていれば、〔6の人〕は〔1の人〕のために活躍してくれます。逆に、〔6の人〕は〔1の人〕の言動が怖いと感じたとき、怒りでさえもあなたのためにある行動なのだと理解してください。

恋の相手・結婚相手としては

恋愛の場合はうまくいくと思います。支配的な〔1の人〕と甘えたい〔6の人〕はピッタリです。いつもセンスよく美しい〔6の人〕を〔1の人〕は愛するでしょう。〔6の人〕も〔1の人〕を喜ばせたくてあれこれがんばるはずです。結婚してもこの関係は変わりません。生活疲れなど見せず、スタイリッシュな夫婦として生きていくでしょう。

親子としては

1が親で6が子ども「親が子から学ぶ」

人付き合いが上手でだれにも嫌われない〔6の子〕は〔1の親〕の理想像のひとつ。どんなに小さくても、周囲と波風を立てず、うまく世渡りする〔6の子〕のやり方を、親のほうが学びたいなと思うでしょう。

6が親で1が子ども「自慢の我が子」

〔6の親〕は意識の高い人です。他人によい印象を与えたいと考えます。子どもにもセンスのよい衣服や習い事を選びます。もともと元気でハキハキした〔1の子〕は、〔6の親〕によってさらに立派に見えるわけです。

うまくいかないときの対処法

・〔1の人〕が〔6の人〕を面倒に思い、〔6の人〕を傷つける発言をするのがこの組み合わせの不和パターン。〔6の人〕もイヤになると意地悪をする。それもこれも〔6の人〕の「私を認めてほしい」という切ない気持ちを〔1の人〕が理解できないことが原因。

・一瞬にして和解する方法がある。〔1の人〕が〔6の人〕に「いてくれてありがとう」と言うだけ。効き目抜群！

1 × 7
冷静と情熱の
あいだ

不思議な距離感のふたりです。孤独を愛する〔7の人〕と仲間思いの〔1の人〕。合わないような気がしますが、案外友情を育んでいたりします。ときどき、〔7の人〕がぐっと内にこもり集中し始めたとき、〔1の人〕は、「手の届かない存在」と思うでしょう。しかしいつものことなので、それほど不安にはなりません。〔7の人〕も正直な〔1の人〕には気持ちを打ち明けられるようです。長く付き合えるふたりです。

仕事仲間としては

焦りがちな〔1の人〕に対して、〔7の人〕は慎重で落ち着いています。おたがいを補い合ういい関係になれます。〔1の人〕は感情的ですがウジウジしたところがないので、ドライな〔7の人〕とも仕事は仕事と割り切ってやっていけます。営業は〔1の人〕、研究は〔7の人〕というように棲み分けでき、助け合える組み合わせです。

恋の相手・結婚相手としては

〔1の人〕は〔7の人〕のクールなところに、〔7の人〕は〔1の人〕の熱い情熱に恋をするでしょう。タイプが違うゆえに予測不能な刺激を与え合います。しかし、「違い」自体がイヤになってしまうと難しいでしょうね。結婚した場合は、表面上は〔1の人〕が〔7の人〕に片思いしている雰囲気（7も奥底で情熱的な愛がありますが）。ふたりにしかわからない合言葉で会話をするような夫婦です。

親子としては

1が親で7が子ども「子が親をなめる」

〔7の子〕は親よりも自分のほうが利口だと思っています。ちょっと親をバカにしたような態度をとるでしょう。〔1の親〕はそれをおもしろがるかもしれません。「なんてかわいいんでしょう！」って。幸せな親子です。

7が親で1が子ども「平常心で子育て」

〔7の親〕は子どもに対してちゃんと距離を取れる心の余裕があります。同じ人間として、子を尊重する態度です。ベタベタとかわいがりはしませんが、困ったときは冷静な判断で子どもを助ける、頼りになる親です。

うまくいかないときの対処法

・情熱的と理知的。正反対のふたりだが案外仲がいい。〔1の人〕はいい人だと〔7の人〕は知っていて、〔7の人〕はおもしろい人だと〔1の人〕は思っているから。

・ダメなときの理由は、たいてい温度の違い。1が熱すぎてついていけない。7が冷静すぎてガッカリする。一定期間、距離を取れば解決する。〔1の人〕が待ってあげること。7は自分のタイミングで連絡してくる。

遠い国の友

ふたりとも自分のプライドを大切にする人。相手が尊敬を必要とすることは、わかっています。ですから敬意を忘れない関係になるはずです。リーダー同士の友情みたいな感じですね。〔8の人〕は比較的人間関係のミスは少なく相手を怒らせることはありません。〔1の人〕が自分の言動に気をつけさえすれば、いい関係を保てます。〔8の人〕は〔1の人〕よりも繊細で傷つきやすいのです。

仕事仲間としては

志の高いふたりですから大きな目標を掲げます。怖いもの知らずの〔1の人〕がリーダーシップを取って〔8の人〕を鼓舞し、ポジティブに物事を進めていけます。〔8の人〕の慎重さが〔1の人〕のうっかりを食い止めます。〔1の人〕と仕事することは、〔8の人〕の勉強になると思います。「とにかく行動する」「失敗を恐れない」ことの大切さを知るでしょう。

恋の相手・結婚相手としては

〔8の人〕には「当たり前の価値観」があるので、いろいろな場面で話し合いが必要になります。たとえば結婚。〔1の人〕の場合は「恋愛＝結婚」なので好きなら結婚したい。しかし〔8の人〕の場合、結婚は「好き」を超えた重い決断です。家と子孫の問題なのです。親への挨拶から結婚式のやり方、住むところなど〔8の人〕の「当たり前」を受け入れる必要があります。結婚してしまったらいい夫婦になるはずです。

親子としては

1が親で8が子ども「子の背中を押す」

〔1の親〕は〔8の子〕にポジティブに自分の人生を楽しんでほしいと思っています。「やりたいことはどんどんやってごらん！」と。でも〔8の子〕はよく考えた末に結局やらないことも多い。失敗が怖いのです。

8が親で1が子ども「しっかりとしつける」

〔8の親〕は立派に子どもを育てたいと思っています。どこに出しても恥ずかしくない子にしたいのです。しかし〔1の子〕はいたって無邪気で奔放。〔8の親〕は一生懸命〔1の子〕を律しようとするでしょう。

うまくいかないときの対処法

・1も8もリーダー気質の数字なので、張り合ってしまうのはしょうがない。
・〔1の人〕のほうから歩み寄って、「いっしょにどうですか」と声をかけてあげてほしい。〔8の人〕のほうが気持ちを外に出すのが苦手なので。
・一対一にならないよう、集団のなかで関わる。ランチや飲み会などに同席するだけで関係がよくなる。「いっしょに食べること」は相手を受け入れること。〔8の人〕も心がほぐれる。

1 × 9

ミステリアス

正反対の価値観の持ち主です。〔1の人〕は誠実であることが重要、〔9の人〕はみんなが気持ちよくいられることが重要です。そこを理解しないと「〔1の人〕って人を傷つけることを平気で言ってる!」「〔9の人〕って相手によって意見を変えてる!」とおたがいを好きになれません。1のほうが「裏表があるな」と内心思っていても、9は気がついていないことがあります。根本的に「わかり合えない」ミステリアスなふたりです。

仕事仲間としては

「わかり合えないふたり」ですが、仕事と割り切ればいい組み合わせです。自分の持っていないものを相手は確実に持っているのですから。リーダーの〔1の人〕が強い意志をトップダウンで伝え、それにともなう種々の問題や不平不満を〔9の人〕が調整してまとめていく。スピード感も正反対で、迅速な〔1の人〕とじっくりな〔9の人〕。自然と役割分担できるはずです。

恋の相手・結婚相手としては

きっと〔9の人〕は〔1の人〕にあこがれると思います。「あんなに思い切った発言してみたいな〜」と。たぶん〔9の人〕から好きになります。付き合い始めると〔1の人〕は〔9の人〕の複雑な思い（多方面への気づかい）を知ってやさしくしたくなります。〔9の人〕は苦労人なのです。結婚すると家庭内のことは〔9の人〕の天下。安心して〔9の人〕に任せます。家を買うなど大きな決断や全体のかじ取りは〔1の人〕の仕事です。

親子としては

1が親で9が子ども「子に叱られる親」

〔9の子〕は老成しているので〔1の親〕はタジタジです。「この前言ったことと違うよ〜」と親のミスを指摘します。〔1の親〕は気分で怒ったりゆるしたりしますが〔9の子〕は振り回されません。

9が親で1が子ども「話を聞きたい親」

〔9の親〕は子どもの話を聞くのが好きです。もっと知りたい、相談に乗りたい。なのに〔1の子〕はてんで親のことを考えていないかもしれません。いちばん大切なのは仲間である友だちなので。

うまくいかないときの対処法

・そもそも難しい相性。大切にしているものがあまりに違うので。
・〔9の人〕は〔1の人〕の言葉の内容に注目してみて。勢いはともかく言っていることは間違ってないはず。愛があります。
・〔1の人〕は〔9の人〕の発言で助かっている人がいると想像して。孤立している人に声をかけたり、仕事ができない人を指導したり、〔9の人〕にしかできない気配りをしているから。

1×11

勢いの
ある同志

勢いのあるふたり組です。〔1の人〕は無鉄砲に知らないところや知らないものに手を出したがりますが、〔11の人〕はそこに理想や人間関係などの情報を組み込んで、うまくまとめていきます。1はとても誠実な人ですが、11のように「人のために何かしなくては」という使命感を持っているわけではありません。しかしふたりがそろうと11の志に1の行動力が加わって、すばらしい成果が生まれるはずです。

仕事仲間としては

勢いよく突っ込んでいくところは似ています。しかし、11のほうが慎重で先を読む力に長けています。イニシアティブは11が持つとよいでしょう。考えの方向性が同じならば仕事はうまくいきます。しかし、目的や方法が違ってしまった場合はかなりもめます。〔1の人〕は冷静になること。〔11の人〕は冷静さを欠いた〔1の人〕を投げ出さないことが大切です。

恋の相手・結婚相手としては

〔1の人〕の恋は情熱的で、恋愛対象＝結婚対象です。しかし〔11の人〕にとって、結婚とは「同盟」で、好きなだけでは結婚に至りません。結婚後、〔11の人〕からは、「(同じ志を持つ) 私のパートナーなんだから、ここはがまんしてくれないと」といったセリフが飛び出しそうです。〔1の人〕の愛は冷めません。ずーっと好きでいます。〔11の人〕の愛も変化はしますが絶対的な信頼という形で続いていきます。幸せなカップルです。

親子としては

1が親で11が子ども「親より精神年齢が上」

子どもに落ち着きなさいと親が言われる関係です。〔1の親〕の慌てふためくさまを〔11の子〕が冷静にいさめたりします。相性はいいので、〔1の親〕が子どもを尊重し、支配しなければうまくいきます。

11が親で1が子ども「良き師と弟子」

親が子を崖からつき落とす関係です。11は子どもに試練を与えます。子どもの成長に必要だと考えた先の先を読んでの愛情表現なのです。親というより師匠目線で子育てをする11です。

うまくいかないときの対処法

・ケンカになってしまうと〔1の人〕が冷静になれずに爆発、それを見ている〔11の人〕が嫌気がさすというパターン。1は情熱的なのでとかく感情に走りがちだが、11のほうは理詰めで考えるので、相手を「愚かだな〜」と感じる。

・〔1の人〕は〔11の人〕の話をよく聞くこと (間違ってないから)。〔11の人〕は〔1の人〕をバカにしないで尊重すること。話し合うことしか活路はない。

1×22

上には上がいる

いつもリーダー役の〔1の人〕ですが、相手が〔22の人〕の場合は別です。〔1の人〕がサポートに回るでしょう。〔22の人〕のカリスマ性に気づくからです。〔1の人〕は仲間をとても大切にしますが、〔22の人〕はやさしいのにドライです。情熱的な〔1の人〕は感情が見えない〔22の人〕との付き合いをちょっと物足りないと感じます。派手さはないのに大物感が漂う感じ。わかりたくても、わからない。でも近くにはいる。そんな距離感です。

仕事仲間としては

〔22の人〕は「いっしょに仕事したい！」と思わせる人です。大きなことを成し遂げる力があるので、みんなそれに乗りたいのです。〔1の人〕と組んだとしたらスピーディーに進みますし、未来志向の1は自分が思い描く以上の夢に向かうことができます。周囲からは〔1の人〕がリーダーに見えるでしょうが実際に牛耳っているのは〔22の人〕。さしずめ〔1の人〕はスポークスマン的な役割です。

恋の相手・結婚相手としては

魅力的な人ではありますが恋愛相手や配偶者にはドライな〔22の人〕。ですから〔1の人〕が惚れていないと続きません。関係を続ける鍵は〔1の人〕が握っています。結婚した場合は〔1の人〕が〔22の人〕のために生きることが必要になります。〔22の人〕の大きな仕事をいっしょに背負うという感じです。達成感のある人生を送れると思いますよ。

親子としては

1が親で22が子ども「見守るしかない」

ほかの数字の子どもと違って、〔22の子〕には〔1の親〕でも勝てない重みがあります。自分の子であっても手出しができないような。ですから〔1の親〕は〔22の子〕をちょっと離れて見守ります。成功を喜びながら。

22が親で1が子ども「自立したふたり」

〔22の親〕は〔1の子〕を信頼します。「この子は大丈夫だ」と。〔22の親〕は安心して仕事に打ち込みます。〔1の子〕はさみしくても自立するしかありません。〔22の親〕の愛は離れて見守るという形になるのです。

うまくいかないときの対処法

・相手に何かを望むとうまくいかないので望まないこと。
・〔1の人〕は、22が冷たくて勝手だから思いやってほしいと望む。〔22の人〕は1が思ったように動いてくれないと思う。1も22もしっかり自分を持っているので変わるのは難しい。
・いっしょにいたいなら、〔22の人〕には愛情表現を求めすぎない、〔1の人〕には献身を求めない。おたがいわきまえること。

1×33

オイル＆
ビネガー

〔1の人〕は白黒ハッキリつけたいタイプ、対して〔33の人〕は雰囲気で生きている人です。またスピーディーな〔1の人〕に対して〔33の人〕は優柔不断。〔33の人〕は〔1の人〕のようにハッキリとした人生を生きてみたいと思っているはずです。〔1の人〕はちょっとイライラしながらもやわらかい雰囲気の〔33の人〕を好きになり、疲れたときには会いたいな〜と思います。かみ合わないようで意外にも相性はよいのです。

仕事仲間としては

仕事ではメリハリの効いた〔33の人〕もいますので一概には言えませんが、決断は苦手です。〔33の人〕はいつも〔1の人〕のスピードについていこうと必死になるはず。〔1の人〕の望みに応えたい、喜んでほしい。仕事の責任というよりは〔1の人〕のご機嫌をとっているような感じ。それで実績が上がる仕組みです。33は仕事にも愛情がからむのです。

恋の相手・結婚相手としては

〔1の人〕が好きになってくれれば〔33の人〕とはうまくいきます。〔1の人〕が〔33の人〕を振り回すような感じでふたりとも幸せだと思います。結婚した場合、今度は〔33の人〕が〔1の人〕を好きでい続けなければいけません。〔1の人〕の結婚は愛情ですが、〔33の人〕は成り行きの可能性も。結婚生活の途中で違う成り行きにシフトしてしまうかもしれないのです。

親子としては

1が親で33が子ども「あこがれの親」

〔33の子〕は〔1の親〕が大好きです。いつもキラキラしているな〜とまぶしく見つめています。〔1の親〕は〔33の子〕の理想です。「ママみたいになりたいな〜」と思う子どもはいつも笑顔です。

33が親で1が子ども「たまに便りがある」

〔33の親〕は子どもを手放します。〔1の子〕はきっと近くにはいないでしょう。自分の人生をたくましく生きているはずです。「元気？私は楽しくやってるよ」というたまの便りを楽しみにしている〔33の親〕です。

うまくいかないときの対処法

・ふたりは酢と油。混ざりませんが合わさるとおいしいドレッシング。
・うまくいかないときには、性質の違いを理解していないということ。〔1の人〕が〔33の人〕の優柔不断さにイライラし、〔33の人〕は〔1の人〕の勢いを怖がっています。
・関係修復は〔1の人〕が〔33の人〕にちょっとやさしい言葉をかければいいだけ。やさしい言葉とは「私もそう思う！」。共感の気持ちを伝えましょう。

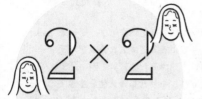

2×2

秘密の楽園

〔2の人〕同士の関係を想像するとホッとします。やさしい人の代名詞である〔2の人〕ですから、思いやりを持って付き合っていくのでしょう。だれかに尽くしているときに安心感が得られる人です。自分自身はわりとなんでもできるので、「助けて」とは言いません。〔2の人〕同士の組み合わせは、おたがい助け合うのではなく第三者のサポートを協力し合うことになるでしょう。このふたりならばだれが相手でも安心です！

仕事仲間としては

〔2の人〕は助ける人ですが、助けてもらうのはちょっと苦手です。遠慮が先に出てしまうのです。業務を抱えがちで、イヤなことがあってもがまんします。しかし〔2の人〕がそばにいれば話は別。〔2の人〕同士で相談に乗ったり弱音を吐いたりできますね。周囲の人にとってふたりは職場の癒しです。本人のメンタルケアだけが課題です。

恋の相手・結婚相手としては

遠慮がちで、本音をあまり外では言えないかもしれないので、ふたりでいるとゆったりと安心できる時間が流れます。一度付き合ってしまったら、ほかの相手は考えられないマッチングでしょう。しかし、人が気になるふたりは、相手を見つめすぎるあまり、その視線がダメ出し視線になることも。ほかの人にはやさしいのに、2同士は厳しい。でも遠慮して言えない。まわりくどい関係です。

親子としては

2同士の親子「遠慮し合う関係」

親子であっても遠慮があります。親は子の変化に気づいていても言葉がけはしないで様子を見ます。でもすごく心配でしかたがない。それは子どものほうでも同じで親が心配でしかたがない。でも見守る。「いちばん近いのにもっとも遠い人」といった感じです。愛しているからこその遠慮です。2同士の親子という組み合わせはとても珍しいので、何かのお役目がある気がします。

うまくいかないときの対処法

・「気にしすぎる」「遠慮しすぎる」「本音を言えない」が特徴。相手の気持ちがわかっているのに、遠慮があるのでしっくりこない。

・どちらかが「助けてくれる？　頼っていい？」とひとこと言えれば、あっというまにふたりの距離が縮まるはず。

・片方が頼ると自分も頼っていいのだと思える。うまくいかないときには「甘える」こと。

2×3 おもちゃ屋の親子

〔2の人〕が〔3の人〕を慈しみます。そもそも〔3の人〕はかわいがられるために生まれてきた宝物ですから、愛されることに向いています。〔2の人〕はだれかを大切にしたり愛したりするのに向いています。役割がはっきりして迷いがない組み合わせですね。〔3の人〕がわがままを言い、〔2の人〕が喜んでそれにこたえる。幸せな関係です。

仕事仲間としては

〔3の人〕の活躍を〔2の人〕が支えるような場面が多くあるはず。〔3の人〕は自分の発想で動きます。「大人の事情」や「社内政治」なんてどうでもいい。すると当然周囲との摩擦が起こるので、そのあたりのフォローを〔2の人〕が担うのが望ましいでしょう。3の魅力が輝くのは2の縁の下の努力があってこそ。〔2の人〕が〔3の人〕の才能を使って仕事を完成させるのです。

恋の相手・結婚相手としては

〔2の人〕がいてくれると〔3の人〕は自由でいられます。安心して羽ばたけるのです。〔2の人〕は〔3の人〕の視点を借りて広い世界を見ることができます。幸せなカップルだと思います。結婚の相性もとてもいいでしょう。〔2の人〕が家庭を守り、〔3の人〕が羽を休めるような。何か困難があっても〔2の人〕は逃げ出しませんし、〔3の人〕も〔2の人〕を手放しません。末永い関係が続きます。

親子としては

2が親で3が子ども「居心地のいい巣」

親が子を慈しむ関係です。子は親の愛を「当たり前」だと思い気にも留めません。それでも〔2の親〕は幸せです。〔2の親〕は3の娘や息子にとって居心地がよすぎて、自立の妨げになることもあるほどです。

3が親で2が子ども「親が子に甘える」

〔3の親〕は大人のくせに〔2の子〕に甘えます。そして甘えていることに気づきません。〔2の子〕は本当によくできた子なのです。親が〔2の子〕の負担にならないことを願います。

うまくいかないときの対処法

・あまりに〔3の人〕が勝手だと、さすがの〔2の人〕も逃げ出したくなる。
・でも実際には逃げない。〔2の人〕はがまんの人なので、つらさを口に出すこともしない。
・関係修復には「笑い」が鍵。2が3の笑顔を引き出す状況をつくる。おもしろい人と3人でランチしてもよい。みんなで大笑いすると改めて〔3の人〕の朗らかな魅力に気がつく。
・がまんならないときには離れてよい。

2 × 4

各駅停車の旅

腰を据えるタイプのふたり。関係は安定します。ただし、仲良くなるには少々時間がかかるはず。仕事場で隣の席になっても時間をかけてじわじわと近づきます。慎重なんですね。一度仲良くなると、〔4の人〕はやさしい〔2の人〕を大切にするでしょう。空を眺めながらゆっくりお茶をするような時間を持てるふたりです。〔2の人〕は「使える人」なので、〔4の人〕が「あれして、これして」と振り回さないよう、注意は必要です。

仕事仲間としては

仕事ができる〔4の人〕は、〔2の人〕にいろいろなお願いをします。オーバーワークになっても、〔2の人〕は拒否できず苦しい思いをすることになるかもしれません。〔4の人〕はプロ意識が高く、「仕事だからこれぐらいやるのは当たり前」という意識です。どうか〔4の人〕のほうが仕事量を減らすなどの配慮を。〔2の人〕は仕事を家に帰ってまで引きずらないよう心がけてください。

恋の相手・結婚相手としては

〔2の人〕は遠慮がちなので自分の願いを外に出しません。〔2の人〕は〔4の人〕のために尽くしてあげるはずです。それに対して「ありがとう。うれしい」と言ってくれる〔4の人〕ならば〔2の人〕は幸せになれるのですが、〔4の人〕は気持ちがあってもほめるのが苦手。結婚した場合はどちらも家庭を守ることにまじめです。しっかりと「家族」をやっていくでしょう。〔2の人〕を尊重してくれる〔4の人〕でありますように。

親子としては

2が親で4が子ども「自立しやすい子」

親があれこれ子の面倒をみたいと思っています。子は「デキる子」なのであんまり必要ないんだけどな〜と感じ、親からの自立を望みます。親の愛ある干渉が自立を促す組み合わせです。

4が親で2が子ども「健気さに気づかない」

〔2の子〕は親のためにがんばる子です。しかし〔4の親〕は「手がかからない」くらいにしか思っていません。「できて当たり前」と感じ、ほめたり感謝したりしないかも。健気な子だと気に留めてください。

うまくいかないときの対処法

・どんなにつらくても〔2の人〕は〔4の人〕を責めない。自分の状況に苦しむだけ。仕事場での悩みなら辞める、結婚なら別れるというのがベストだと個人的には思う。
・〔4の人〕は付き合ってみると情け深い人。〔2の人〕が思い切って「私つらいんです」と言ったらラクにしてくれるのに。
・〔4の人〕は〔2の人〕の本心が見えない点に悩むかも。遠慮しているだけなので大丈夫。

2×5

媚薬の誘い

純真無垢で気の弱い女の子〔2〕が、魅惑の誘い〔5〕に乗るイメージです。基本的に〔2の人〕は流されていく人ですが、〔5の人〕のリードで流されていくとしたら刺激的なことが多く、「ブレイクスルー」を経験できます。新しい世界を見せてもらえるのです。〔5の人〕も自分が弱ったときに静かによりそってくれる〔2の人〕がいれば、なんでもできる気がするでしょう。いい組み合わせだと思います。

仕事仲間としては

〔5の人〕はスタンドプレーが得意。場を活性化する一方、敵が多くなりがちです。〔2の人〕は〔5の人〕の言葉足らずの部分や、やらかした問題の後始末を喜んで引き受けます。「ステージでいっしょにジャーン！とやろうよ」と〔5の人〕は誘いますが。〔2の人〕は華やかな舞台よりも舞台裏でみんなを支えます。とても相性のいい仕事仲間ですが、〔5の人〕は〔2の人〕の忠告を聞くようにね！

恋の相手・結婚相手としては

美しいカップルです。動物が裸で素をさらけだしてじゃれ合うような、自然で飾らない美しさを感じます。〔5の人〕は外では見せない素の顔で〔2の人〕に甘えるはずです。いつもかっこいい〔5の人〕が〔2の人〕にゴロニャンとしているところが想像できます。結婚してもラブラブですが安心しきった〔5の人〕が浮気するかも。それでも〔2の人〕は家庭をキープします。

親子としては

2が親で5が子ども「アイドルとファン」

5の娘や息子がアイドルで、〔2の親〕はファン。〔5の子〕は愛情表現が豊かで親を喜ばせることが上手です。〔5の子〕は親に心配をかけます。心配することが〔2の親〕の生きがいです。

5が親で2が子ども「子に助けられる親」

〔2の子〕は親の手を煩わせません。〔5の親〕は〔2の子〕が特別な子だとは気づかず、ラクな子育てを楽しむでしょう。幸せな親ですが、〔2の子〕のほうが少しでも親に甘えられるといいなと思います。

うまくいかないときの対処法

・〔2の人〕はがまんする人。〔5の人〕が2の忍耐に気がつかないことで不和が生じる。
・〔5の人〕がわがまますぎたり、デリカシーに欠ける（真剣にダイエットしている人を茶化すような。軽いことだけど〔2の人〕には耐えられない）のがつらい。
・逆に、〔2の人〕の心配という名の束縛が、〔5の人〕にとって重いことも。
・「節度」が大切。親しき仲にも礼儀あり。節度を守れば美しい関係が長続きする。

2×6

母性と女性性

〔2の人〕と〔6の人〕は他人から花のように見えます。〔2の人〕が野に咲く花。〔6の人〕は大輪の百合。〔2の人〕と〔6の人〕は比較されやすく、おたがい相手を気にします。特に〔6の人〕のほうが、どっちがやさしいのか（やさしいと思われているのか）、どっちがモテるのか、気になってしかたがないのです。2が母性、6が女性性。場のポジションを争うライバルです。〔6の人〕のほうが少し計算高いのです。

仕事仲間としては

〔6の人〕のほうが何かと注目をあびるでしょう。美しい容姿、洗練された会話術や人目を引くプレゼンで社内では有名な存在かもしれません。2×6は立場が違うとよい関係で、棲み分けができてこその仲間意識です。同じ部署の同僚だったりすると〔6の人〕がイライラするかもしれません。キャラがかぶって〔2の人〕が気になるのです。でも〔2の人〕の能力はちゃんと認めています。

恋の相手・結婚相手としては

すごく素敵なふたり。人から見ると輝くようなカップルになります。〔6の人〕のやきもちも〔2の人〕には「かわいいなぁ〜♡」と思えるはず。結婚した場合はちょっと束縛の強い家庭になるかもしれません。〔6の人〕が思い描く「素敵な家族」の夢に、〔2の人〕がよりそう感じです。リッチで円満でまさに「素敵」な夫婦です。ダサいところがひとつもありません。おしゃれなホームパーティーを開いていそうです。

親子としては

2が親で6が子ども「できのよさに満足」

〔6の子〕は賢く無駄なことはしない子です。先生やご近所の人にほめられる自慢の子。〔2の親〕はできがいい我が子に感謝します。「いつもありがとう。かわいい○○ちゃん」と。

6が親で2が子ども「わがままな親」

〔2の子〕にとって〔6の親〕は理想の人です。いつも素敵で美しく〔2の子〕の自慢です。〔6の親〕が少しくらい勝手なことを言ってもそれでいいと思い、親に尽くします。

うまくいかないときの対処法

・不和が起こるとしたら〔6の人〕のやきもちによる自爆。
・〔6の人〕は、〔2の人〕は野原に住む花、自分は生け花のように完璧だと思うこと。相手は何も狙っていないのであなたの敵ではない。
・〔2の人〕はもし〔6の人〕がちょっと怖いと感じたら、第三者を巻き込む。「〔2の人〕があなたをほめていました」と他人から言ってもらう。甘いお菓子のプレゼントも効き目あり。

2 × 7

片思い

〔2の人〕には〔7の人〕の気持ちがよくわかりません。〔7の人〕は孤高の存在なので、ほとんどの人は理解できませんが、並外れた共感力の持ち主である〔2の人〕でも、〔7の人〕の態度には首をかしげることがあります。距離を縮めたと思っても急に遠ざかる7。〔2の人〕は〔7の人〕に翻弄されてしまうのですね。でも、妙な存在感がある〔7の人〕を無視することができず、できれば仲良くなりたいなと思う〔2の人〕なのでした。

仕事仲間としては

ビジネスに特化すると、よい組み合わせです。冷静で分析的な〔7の人〕と、よく気がつき円滑な人間関係を構築できる〔2の人〕は、絶妙なコンビです。ただ、〔7の人〕が相手の気持ちを気にすることなく、ズバズバ好き勝手を言いすぎると〔2の人〕が小さくなってしまうかもしれません。〔7の人〕はつとめてやさしいもの言いを心がけてください。

恋の相手・結婚相手としては

〔7の人〕は、愛する人にさえ一定の距離をとってほしい人です。「ズカズカ自分のテリトリーに入って来ないで」と願います。〔2の人〕には愛情表現が必要なので、〔7の人〕が相手だと不安になります。〔7の人〕の愛情は外からは見えにくいのです。結婚しても不思議な距離のある夫婦になります。モテる〔2の人〕ですが、〔7の人〕とのあいだには、片思いのような雰囲気が流れるのです。

親子としては

2が親で7が子ども「親の愛が重い」

「そんなことわかってるよ」と親が言われる関係です。そもそも〔7の子〕は大人をバカにするところがあるので、〔2の親〕のこまやかな愛情をうっとうしく思うかもしれません。

7が親で2が子ども「親の顔を見つめる」

〔2の子〕は特別に繊細です。ほかの数字の子どもよりも愛情をかける必要があるのですが、〔7の親〕の愛情はあまり外にはあらわれません。子どもを愛しているのに愛がわかりづらく、さみしい思いをさせるかも。

うまくいかないときの対処法

・ケンカにならない組み合わせ。〔7の人〕が譲歩することはなく、〔2の人〕から何を言われても響かない。

・意見の相違や関係の不具合が出たとき、〔2の人〕は最善を尽くしてあとは手放すのがよい。

・〔7の人〕は自分ひとりで勝手に生きているようなところがある。「いいところだけと付き合い、それ以外の部分は別々」というのが、〔2の人〕が傷つかないベストな付き合い方。

2×8

桃源郷

〔2の人〕と〔8の人〕は穏やかな組み合わせです。孤独な皇帝の8を癒すやさしい妻（夫）が2、もしくは〔8の人〕が戦い疲れてたどりついた桃源郷で、静かに琴を奏でる〔2の人〕という絵が浮かびます。現実世界でも、〔8の人〕はやさしい〔2の人〕にとても感謝をするでしょうし、〔2の人〕も〔8の人〕の役に立てることに喜びを感じます。おたがい慎ましやかで品がある高貴なコンビです。

仕事仲間としては

イメージとしては〔8の人〕が受験生の息子、〔2の人〕がそれを支える母。サポートが得意な〔2の人〕が、上司や同僚である〔8の人〕を支えるわけですが、そこに「やると得かも」「評価されたい」といった打算はいっさいなく「当たり前の献身」するだけ。〔8の人〕は〔2の人〕を心から信頼できるでしょう。意見の食い違いがあっても、おたがい投げ出さないので話し合いで解決できます。

恋の相手・結婚相手としては

〔8の人〕は〔2の人〕の奥ゆかしさを愛します。〔2の人〕は〔8の人〕の堂々とした存在感に安心感を得ます。ちょっとくらい〔2の人〕の干渉が過ぎても〔8の人〕はそれが愛情からのものであるとわかっています。結婚する場合、〔8の人〕は「自分のために生きてくれる人」を選びます。自分と子孫を世話することを、生きがいと思ってくれる〔2の人〕はぴったりの相手です。

親子としては

2が親で8が子ども「愛が背中を押す」

〔2の親〕は〔8の子〕を溺愛します。「なんてすばらしい子なんだろう！」と本気で思って子どもをほめます。慎重で失敗を恐れる〔8の子〕も、親の愛情を携えてチャレンジできる人生になるでしょう。

8が親で2が子ども「期待のかけすぎに注意」

〔8の親〕は信頼できる親ですが、愛情の深さゆえに無理な期待をかけることも。そんなときは「お母さん（お父さん）の言う通りにすると、私は失敗してしまう」と言えばわかってくれます。

うまくいかないときの対処法

・〔2の人〕がそばにいてくれるかどうかは〔8の人〕次第。受け入れて、安心させれば〔2の人〕が去ることはない。
・〔8の人〕の不安を〔2の人〕が理解することも大切。〔2の人〕はだれにでもやさしいので〔8の人〕が焦燥感を覚えることがある。「心配ないです、私はいつも味方です」と伝える。
・一度壊れてしまった仲の修復は難しい。修復したいほうがひたすら謝るしかない。

2×9

秘密の小部屋

ふたりとも、毎日いろんな思いを胸の内に抱えてすごしています。言いたいことが言えなかったり、ぐっと感情を抑えたり。2×9は本音を語り合える関係です。人間が好きなところも共通点。いつもだれかのことを気にしていて、人の役に立ちたいと思っています。〔2の人〕よりも〔9の人〕のほうが押しが強い感じです。〔2の人〕は〔9の人〕に引っ張られる感じでの付き合いになるでしょう。

仕事仲間としては

すみずみまで目が届く医師（9）と、診療と病院経営を支える看護師（2）。学習塾の塾長（9）とやさしい講師（2）という絵が浮かびます。人に助言をしてよりよい方向へ導く職種が合っています。〔2の人〕も〔9の人〕も休日にはしっかりメンテナンスを。人疲れで疲労が心身に出るのです。休みましょう。

恋の相手・結婚相手としては

〔2の人〕にとって〔9の人〕は「秘密の小部屋」です。その部屋のなかなら、心の闇を口に出しても大丈夫。「実はこの人が嫌い。あの人にひどいことを言われた」。9の部屋限定で話せます。〔9の人〕にとっても〔2の人〕は、感情の空気清浄機。やりようのない気持ちをそのまま吐き出せます。結婚後も、毎晩その日にあったことを、一から十まで話し合うような仲のよい関係でしょう。

親子としては

2が親で9が子ども「24時間100％良母良父」

〔2の親〕は、子どもの世話が生きがい。健康を考えた献立、遅い帰宅を待つ、習い事の送り迎えなど日常的な献身で深い愛を与えます。〔9の子〕は〔2の親〕の愛を喜んで享受します。子離れが難しいかもしれません。

9が親で2が子ども「親が念押し」

〔2の子〕は物事がわかっています。実は親の意見は必要ありません。慎重な〔9の親〕は、「本当にわかっているの？」と何度も確認します。それでも親の愛はありがたい、と思っている〔2の子〕です。

うまくいかないときの対処法

・言葉できずなを深めるふたり。関係悪化も言葉がきっかけ。〔9の人〕がよかれと思って言った言葉に〔2の人〕が傷つく。たとえば、「あなたがハッキリしないから人に認めてもらえないのよ」。繊細な〔2の人〕は〔9の人〕に近寄らなくなるだけ。傷ついたとは言わない。
・〔9の人〕は善意のアドバイスなので、自分が悪いとは気づかない。「おかしいな？」とは思う。不和を解消したいなら、〔9の人〕から働きかけるしかない。

2×11

総合病院

〔2の人〕も〔11の人〕も他人の役に立つために生きています。いっしょに何かするときは、話さなくても意見が一致しているため、阿吽の呼吸で行動できます。〔11の人〕の「素早い、具体的な処置」と、〔2の人〕の「繊細な心の機微によりそうケア」の組み合わせは、まるで総合病院。小さなことから大きなことまで人助けならこのチームにお任せです。〔11の人〕の勢いと圧のある物言いで、〔2の人〕が少し怖がるかもしれません。

仕事仲間としては

人助けチーム。〔11の人〕のほうが強い意志の持ち主なので、〔2の人〕がサポートポジションになるでしょう。〔11の人〕は〔2の人〕より明るく楽観的。しっとりした性格の〔2の人〕も11の影響を受けてポジティブな雰囲気を帯びてきます。一方、〔11の人〕が強い圧で周囲と摩擦を起こしたときのフォローは〔2の人〕にお任せあれ。よい仕事仲間です。

恋の相手・結婚相手としては

〔11の人〕の恋愛は同情から始まることが多いようです。遠慮がちな〔2の人〕に、「何か困ってるの?」と話しかけている11の姿が目に浮かびます。〔2の人〕も〔11の人〕のそばにいることで、安心できます。恋愛もいいですが結婚が合う組み合わせです。特に〔11の人〕が結婚を考えると思います。〔11の人〕は人助けのために〔2の人〕のサポートを最大限に使い、〔2の人〕はまさに内助の功として支えるでしょう。

親子としては

2が親で11が子ども「子を静かに見守る」

〔2の親〕は〔11の子〕の本質をなんとなく感じています。この子は自分が手出ししなくても大丈夫。自分を超えたすばらしい子だと静かに見守ります。「疲れたら帰っておいで。いつでも待ってるよ」と。

11が親で2が子ども「子を激励する」

〔11の親〕は〔2の子〕に対して、もうちょっと元気にやってみたらいいのに!と思います。行動に志は感じるけれども、「もっとがんばれ!」と声をかけたくなります。でも〔2の子〕はできることしかできないのです。

うまくいかないときの対処法

・まず〔11の人〕は、役割が違うことを理解して。たとえばパワハラの現場で、「私が上司に直談判します!」というのが〔11の人〕。〔2の人〕は「つらいときには声をかけてくださいね、話を聞きます」と被害者に声をかける。〔2の人〕に、あなたも直談判して!と要求するのはできない役割を押しつけていることになり、〔2の人〕はつらい。
・ふたりの志と目的は同じ。〔11の人〕が、〔2の人〕の気持ちを想像できたらうまくいく。

2×22

ロケットに乗る

〔2の人〕は〔22の人〕のスピードにすくんでしまうかもしれません。なんという判断の速さ！〔22の人〕は呆然とする〔2の人〕におかまいなく、自分の生き方を貫きます。ロケット（22）と人間（2）が競争しても勝ち目はありませんが、乗ってしまえば、乗組員として自分の仕事ができます。ゾロ目の〔22の人〕は、人のために動く人なので、〔2の人〕もその志に共感して精一杯力を尽くすでしょう。

仕事仲間としては

〔22の人〕が〔2の人〕を振り回すような関係になりますが〔2の人〕は〔22の人〕といっしょに働くことを楽しむでしょう。どんな人にも応援を惜しまない〔2の人〕。そのなかでも〔22の人〕の仕事はわかりやすく結果が出て、自分でも「やったー！」と思えて気持ちがいいはずです。成果を独り占めしない潔さも尊敬します。これで〔22の人〕が〔2の人〕に労いの言葉でもかけてくれたら最高ですね。

恋の相手・結婚相手としては

「今日は歌舞伎に行くよ！　チケットは買ってある！」と〔22の人〕が〔2の人〕を引っ張って行きます。ついていくと「演し物も席もすばらしい！　すてき♡」と感動。ひとりでは行けない場所に連れて行ってくれる恋人です。〔22の人〕は恋愛に対して淡白です。〔2の人〕に告白するとしたら、人生に必要な人だと判断したのでしょう。結婚した場合は〔2の人〕が家庭、〔22の人〕は仕事。くっきりと分担するでしょう。

親子としては

2が親で22が子ども「親が子についていく」

〔22の子〕は家族を振り回しているかも。どうせ〔22の子〕は、親が何を言っても聞きません。〔2の親〕の愛情だけを受け止めて、すくすくと伸びていくことでしょう。失敗の苦しみは〔2の親〕が緩和してくれます。

22が親で2が子ども「親が子を1回手放す」

〔22の親〕は子どもよりも仕事を優先することがありますが、ミッションが終わったとき、ふつうの親として帰ってきます。ピンチのときはすぐに駆けつけるので、愛されていることを忘れないでほしいと思います。

うまくいかないときの対処法

・〔2の人〕と〔22の人〕の関係はハッキリしている。「動かすほうと動かされるほう」。おたがいの性質に合っているのでもめることは少ない。
・〔2の人〕が小さな声で「こうしたらどうかしら」と言っても〔22の人〕には聞こえていない。悪気はない。〔2の人〕には〔22の人〕の本質がわかっているので責めることはない。悲しいだけ。あまりに勝手の度が過ぎるとそっと離れていく。そしてそれは傷になる。

2×33
川の流れの ように

ふわふわやさしい雰囲気のふたりです。〔33の人〕は自分にも他人にも甘くやさしいので、繊細な〔2の人〕とは合います。ふたりとも流されるタイプ。断らないので、飲み会やパーティーにはかならず声がかかるでしょう。リーダー性に欠けるふたりですが、たとえば旅行に行くとしたら〔33の人〕が誘い、〔2の人〕が好きそうな場所を提案しそうです。国内の温泉旅行でおいしいものを食べて、リラックスしている姿が目に浮かびます。

仕事仲間としては

上場企業など大きな組織で働くイメージです。「仕事が生きがい！」というタイプではないかもしれませんが、使命感を持って一生懸命やります。ふたりとも功名心はあまりなく、目の前の仕事に心をこめます。〔2の人〕が必死にがんばる一方で、〔33の人〕のほうは仕事を楽しむ余裕があります。ストレスが少ないぶん、〔2の人〕を助けることもできるでしょう。

恋の相手・結婚相手としては

〔2の人〕は受け身、〔33の人〕も行き当たりばったりでパートナーを変えるので、おたがいにたどり着くまでにかなりの歴史を要します。一度付き合うと離れられなくなります。あるがまま、こんなにゆるし合える相手は、ほかに見つからないからです。結婚したら〔2の人〕が家を守ります。〔33の人〕はフラフラと勝手なことをするかもしれませんが、帰る場所は〔2の人〕のところしかないと知っています。

親子としては

2が親で33が子ども「黙って心配する」

〔33の子〕がアマゾンに旅立つというので〔2の親〕は心配でたまらない。でも遠慮して止めることもできない。言っても聞かない子なので、黙って見守るしかないのです。〔33の子〕はたくましいので大丈夫なのですが。

33が親で2が子ども「ハグしてあげる」

〔2の子〕がホッとできるのは〔33の親〕がいる場所。〔33の親〕はいつも〔2の子〕をハグします。言葉がなくても通じ合うものがあります。〔2の子〕にとってはラッキーな親子の縁といえます。

うまくいかないときの対処法

・うまくいかないとしたら、誤解によるもの。たとえば、飲み会に誘うのを忘れて結果的に仲間外れにしてしまったとか。ハッキリしないふたりなので「仲間外れにしたの？」とは聞きません。距離を置かれたほうも特に追及しません。
・一度信頼できなくなるとどんどん距離が広がりますが、〔2の人〕は「〔33の人〕が私を裏切るはずない」と信じてほしいです。逆もしかりです。

3 × 3

ぐりとぐら

長く鑑定をしてきて〔3の人〕同士というのは、相性という言葉を超えたきずながあるように感じています。特別な言葉で話をしているような感じです。ほかの人にはわからない「ピンとくる」同士。「あ！あそこにおもしろそうなものがある！」「行ってみよう！」。「おなかすいた！」「ホットケーキ焼こう！」。絵本『ぐりとぐら』のきょうだいのように、ふたりのあいだには、彼らにしかわからないワクワク感と楽しさがあります。

仕事仲間としては

ぶつかるかもしれません。「自分のやり方がいちばんいい！」と考えて主張しているような感じです。勢いがあるので衝突することもありますが、怒りやイヤな気持ちが持続してしまうような争いにはなりません。仕事でも「わかり合えるふたり」なので、「あの部長やばい！」「やっぱり！」と交信しているはずです。

恋の相手・結婚相手としては

ひと目惚れでしょうね～。ピンときた！という感じで一気に恋に落ちます。一瞬でおたがい惹かれ合う運命ということがわかるでしょう。カンがいいのです。結婚した場合、風通しのいい家庭になります。基本的に〔3の人〕はわがままですから、自分の好きなときに好きなことをして、ふたりのスケジュールが合わなくても気にしません。おたがいが思い通りにならなくてイライラするかもしれませんが、きずなは固いでしょう。

親子としては

3同士の親子「対等な仲間になれる」

〔3の親〕は意外にもしつけに厳しいようです。「時間を守れ！」「箸の持ち方！」とうるさく言います。本当はいつも抱きしめてクスクス笑っていたいだけなのです。子どもと対等な仲間になれる才能を持っているのに、わざわざ「親をやろうとする」と苦しいはずです。〔3の子〕は言うことを聞きません。興味のないことは、何度言われてもスルーです。怒ってもしょうがないので、あきらめていっしょに遊んでください。

うまくいかないときの対処法

・致命的な不和になりにくい関係。「約束を守らない！」「また同じことやってる！　この前注意したのに！」と怒ったところで、自分も同じことをしている心当たりがあるはず。
・怒っても無駄なのに怒る。たとえ怒ったとしてもすぐに忘れるので、心配不要。
・相手にイライラするより、いっしょにいると楽しいこと、分け合って食べたお菓子がおいしいことを大切に。

3 × 4 日帰りバスツアー

この関係の鍵は「〔4の人〕が〔3の人〕をゆるせるか?」という一点。〔3の人〕はまじめ一徹な人が楽しく生きるためのヒントをたくさん持っているのです。それに気づいている〔4の人〕は〔3の人〕をおもしろがり、そうでない〔4の人〕は3の気まぐれにイライラします。うまくいっている3×4は「日帰りバスツアー」。〔3の人〕からあふれ出てくるアイデアを実現するために、〔4の人〕が順序よくスケジューリングして楽しそうです。

仕事仲間としては

専門職についている〔3の人〕はすごくデキる人です。仕事に没頭しています。〔4の人〕はとても尊敬するでしょう。しかし仕事を適当にやる〔3の人〕もいます。〔4の人〕はそれがゆるせません。「仕事を離れると楽しい人なのに……」と思っているかもしれません。一方〔3の人〕のほうは〔4の人〕ってデキる人!と無邪気に尊敬しています。

恋の相手・結婚相手としては

珍しい生き物を見ているような興味から恋が始まります。直感的な〔3の人〕でさえも〔4の人〕のやさしさに気づくには時間がかかるかもしれませんが、やがて自分の持っていない個性に惹かれ合っていくでしょう。〔4の人〕は何かに没頭している〔3の人〕を見て、神がかっているとあこがれます。〔3の人〕は〔4の人〕の安定を頼もしく感じます。結婚後は〔4の人〕が手綱を握ることで家庭が安定します。

親子としては

3が親で4が子ども「子が親に意見する」

〔4の子〕はしっかりしていて、〔3の親〕の間違いを正します。〔3の親〕はちょっとうるさいなと思いつつ、頼もしく思っています。〔4の子〕の緊張にはスキンシップが効きます。握手や肩もみでほぐしましょう。

4が親で3が子ども「親がしっかりしつける」

〔4の親〕は子の雑さが気になり、「時間を守れ、忘れ物をするな」としつけます。〔3の子〕はうるさいな〜と思いながらしぶしぶしたがいます。時期がきたら「このやり方で幸せだから大丈夫!」と親に伝えるでしょう。

うまくいかないときの対処法

・そもそも相性がいいとは言えない組み合わせ。タイプが違いすぎる。自分と違う部分をダメだと思うか、素敵だと思うかで大きく関係性が変わる。
・相手のよい部分にフォーカスし、気軽に「それいいね!」とほめる。「あなたを認めているよ」という態度が突破口になる。
・嘘がつけないところは似ている。裏表のないふたり。

3×5
リオの
カーニバル

派手でノリノリで華やかなお祭りのようなコンビ。老若男女から動物までふたりのまわりに集まってきて、汗をかきながら歌い踊るイメージ。〔3の人〕のほうが〔5の人〕を振り回す感じになりますが、振り回されるのも刺激的で喜ぶはずです。ひとりでいると「個性的な人」なのですが、ふたりそろうとムーブメントのようにクラスや社内に流行を巻き起こすかもしれません。おたがいを「大好きだ!」と言い合えるよき仲間です。

仕事仲間としては

場の空気を動かし、活性化する才能を持つ3×5です。営業や教育業など人とコミュニケーションをとる職種や、停滞した事業の再生に向いています。同僚より上下関係のほうがより力を発揮するコンビ。特に〔5の人〕が上司だと〔3の人〕の個性を重視しつつ、まわりとの協調も考えるので働きやすいはず。ふたりとも好きなことを仕事にする人です。職場は明るい雰囲気でしょう。

恋の相手・結婚相手としては

強く惹かれ合います。いっしょにいれば派手な服も恥ずかしくない。怖くて行けない場所もありません。個性的なくせに〔3の人〕は人見知りで、〔5の人〕は周囲から浮くことを気にするので、「全然大丈夫じゃん!」と勇気を注入し合えるのです。結婚した場合は、自分の世界に没頭できる自由な家庭になります。子どもを授かると共通の宝物として新しいきずなが生まれます。いつまでも色褪せない愛の家庭です。

親子としては

3が親で5が子ども「親が子に惚れこむ」

〔3の親〕はとにかく子どもが大好きです。よその子もかわいいのですが〔5の我が子〕は最高です。こんなにかわいい存在が自分のもとに来てくれたなんて!なんて幸せ!しっかりとしつけをしたいので厳しい面も。

5が親で3が子ども「いっしょに太陽を浴びる」

〔5の親〕は子どもと「ともに楽しむ」天才です。海に連れて行ったり、庭でキャンプをしたり。〔3の子〕のうっかりミスなんかは気にしません。子どもはいつか自立するものだと思っているのです。

うまくいかないときの対処法

・ふたりとも感情的。ちょっとしたことで仲違いすると一気にケンカモードに入る。
・どちらも振り上げた拳をおろせない。怒鳴り合うのではなく無視する作戦を取りがち。本当は仲直りしたくてウズウズしていても無視する。
・「悪くなくても謝る大人の対応」が必要。謝れないとき、自分の心に言い聞かせて!「相手も仲直りしたい」「ふたりそろうことには意味がある」。本当に意味があるふたりなので。

3 × 6

トイプードルと ペルシャ猫

〔3の人〕が犬なら〔6の人〕は猫。どちらもかわいくて人目を引くのですが、タイプが違います。〔3の人〕は自分のかわいさを自覚していないので、〔6の人〕とどっちが上かで争うようなことはありません。ちゃっかりしていて、都合がいいときだけいっしょにいるような自由な関係です。たとえばディズニー仲間。ふだんは音沙汰がないのですが、ディズニーランドだけはいっしょに行き、半年に一度、がーっと遊ぶ!というイメージです。

仕事仲間としては

〔6の人〕は物事をまとめる力があります。〔3の人〕はアイデアがあふれ出るような人。たとえばポスターをつくるとき、〔3の人〕がどんどんイラストを描いてきて、〔6の人〕が「OK! これとこれを使うね」とデザインする。3が商品アイデアを出しまくって、6が選んで商品化する。そんな連携がベストです。

恋の相手・結婚相手としては

〔6の人〕は相手がどれくらいの人間なのか見極めてから付き合います。容姿、経済力、仕事の才能など冷静に「価値をはかる」のです。〔3の人〕は直感で惚れこむタイプです。結婚に至ったなら〔3の人〕の将来性を〔6の人〕が認めたということです。〔6の人〕は〔3の人〕が才能を発揮できるようさまざまな努力をします。ずーっと素敵な夫婦でいられるでしょう。

親子としては

3が親で6が子ども「子がファッションリーダー」

〔6の子〕はおしゃれです。どんなに幼くても自分が人からどう見えるかに興味があるのです。〔3の親〕にはない視点なので親は勉強になります。子どもが親におしゃれアドバイスすることもあるでしょう。

6が親で3が子ども「子が親にあこがれる」

〔3の子〕は自分を慈しんでくれる〔6の親〕が大好きです。センスもよくて、おしゃれで美しく、授業参観のとき「素敵なお母さんね」「お父さんかっこいいね」と言われて、自分もそうなりたいなーとあこがれます。

うまくいかないときの対処法

・端から見ているよりも〔6の人〕は複雑な性格。〔3の人〕は、〔6の人〕の痛い部分を悪気なく指摘して傷つけることがある。〔3の人〕が、「私は好きな人のことも傷つけてしまううっかりさがある」と先に示すのは有効。

・〔6の人〕は傷ついたとき、ちょっとした意地悪をして憂さ晴らしをする傾向がある。〔6の人〕には意地悪の自覚があるはず。どうか落ち着いてやさしいあなたに戻ってほしい。

アメリカン
クラッカー

〔3の人〕と〔7の人〕の関係は特別です。長年、鑑定を積み重ねてきて、3×7は特別な組み合わせだと感じています。ふたりはとても惹かれ合います。そして否定し合います。激しく愛し、激しくいさかいを起こすのです。なんでそんなにもめるのに惹かれ合うのだろう。不思議です。まわりを巻き込むこともあります。「大キライ！別れる！二度と仕事しない！」と大騒ぎした次の日には、腕を組んで歩いているようなふたり組です。

仕事仲間としては

ひらめきの〔3の人〕と冷静な分析家の〔7の人〕。かみ合わないようで案外うまくやります。基本的にこのふたりは惹かれ合っているので、根底に好意がある仲間。年齢や経歴が大きく違っても同期のような心のよりそいがあるようです。大学の研究室でそれぞれの研究に没頭するふたりが目に浮かびます。仕事が介在するとあまりもめないでしょう。

恋の相手・結婚相手としては

〔3の人〕と〔7の人〕のカップルは多いです。鑑定でもよく伺います。どのカップルも幸せにやっているのかというと、ものすごくもめています。でも愛している。もし別れてもまた別の〔3の人〕〔7の人〕を好きになってしまうと聞いたこともあります。いつもはドライな〔7の人〕も熱い鍋につっこまれたように、翻弄されてコントロール不可。私は素敵だなーと思います。

親子としては

3が親で7が子ども「この子は神か！と思う」

〔3の親〕は子どもが好きで一生懸命に子を愛したいと思い、時に空回りすることもあります。でも、しっかりした〔7の子〕は親を理解しています。合理的な子と衝動的な親。心から愛し合っています。

7が親で3が子ども「もっと愛して！」

〔3の子〕は強欲です。もっと抱っこして！もっとほめて！ 私のことだけ見て！〔7の親〕は〔3の子〕がかわいいのに、満たす方法がわからず困ることも。「相手を理解できない。でも好き」という詩的な関係です。

うまくいかないときの対処法

・「理解できないけど大好き」。これがもめる理由。特に恋愛・友人関係がもめる。
・理性を超えて惹かれ合っているので、話し合いでケンカを解決するのは無理。
・連絡を断ってみるとよい。メールも電話もしない。するとジリジリ会いたくなる。欠乏症になる。会いたくてたまらなくなったときに会えば関係は復活。
・いっしょにいられる時間があるとしたら、それだけで幸せ。相手は運命の人。

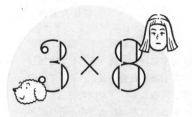

3 × 8

惑星と恒星

はるか昔から泰然と動かない恒星と、夜空を動き回る惑星。恒星が落ち着いている8、惑星がチョロチョロしている3です。〔3の人〕は無自覚に〔8の人〕のプライドを傷つけているかも。〔8の人〕は尊敬されるべき人なのに〔3の人〕はよくわかっていません。〔3の人〕の人間関係は平等で、「偉い・偉くない」という価値基準ではなく、「おもしろい・つまらない」だけ。〔8の人〕は傷つけられたくないので嫌わずとも距離をおきそう。

仕事仲間としては

〔8の人〕が上司だといいなと思います。〔8の人〕は部下をとても大切にし、守りますから。〔8の人〕と仕事をするとき、〔3の人〕はポジションを意識することが大切です。昨日まで同僚だったとしても、昇進した瞬間〔8の人〕は、相応の尊敬を求めるでしょう。「飲みにいこーぜー！」と言う〔3の人〕に、「もうちょっと敬ってよ。仕事やりにくいからさ」と思ってしまう〔8の人〕です。

恋の相手・結婚相手としては

〔8の人〕が〔3の人〕を好きになります。かわいい。守りたい。自由な発想も素敵だし活動的な部分（急に思い立って旅行に行くとか）にあこがれます。〔3の人〕は〔8の人〕といるとなんて安心できるんだろう！とびっくりするでしょう。本気の恋愛や結婚になるならば、〔8の人〕の幸せには「絶対に自分を裏切らない信頼感」が不可欠。〔3の人〕はこの人に決めた！と思ったらまじめに付き合います。支え合う夫婦になります。

親子としては

3が親で8が子ども「子の立派さに親が感動する」

〔3の親〕は〔8の子〕を誇らしく思っています。頭がよくて態度が堂々としていて上品です。ただ、失敗を恐れるがゆえにチャレンジしない態度が見られると、少し残念な気持ちになるかも。こんなに優秀なのに！

8が親で3が子ども「厳しい親をスルー」

いくつになっても子どもは子どもだと〔8の親〕は考え、大人になった〔3の子〕にも「これが常識だ、これがしきたりだ」とあれこれ口を出します。でも〔3の子〕は全然聞いていないし、気にしないのです。

うまくいかないときの対処法

・純真無垢な〔3の人〕と思慮深く慎重な〔8の人〕。スピード感も価値観もまったく違う。
・〔8の人〕はだれとでも節度を持って付き合えるので、〔3の人〕ともうまくやるはず。
・うまくいかないとすれば、〔3の人〕が〔8の人〕を追い立てるような言動をするのが理由。軽い気持ちで欠点を指摘するとか。「直せばいいじゃん！」と軽い〔3の人〕だが、〔8の人〕は重くとらえて傷つき怒る。怒ると〔8の人〕は引くので大きくもめることはない。

3 × 9

幕の内弁当

〔3の人〕と〔9の人〕のコンビにはありとあらゆる要素が混在しています。映画館、公園、キューバ、パリ、温泉、夜のバー、歌舞伎、ゴーカート、ユニバーサルスタジオ。さまざまなものがあるのに「和」を成しているのがこのふたり。〔9の人〕は〔3の人〕を心から肯定する思慮深さがあり、天才がやりたい放題しているのに、不思議ときちんとした「日常」が送れているような関係なのです。とてもよい相性です。

仕事仲間としては

〔3の人〕には〔9の人〕にはないスピード感とカンのよさがあります。〔9の人〕がその才能を存分に発揮させます。レストランのオーナー（9）と天才シェフ（3）、建築事務所の大御所（9）と新進気鋭の建築家（3）のような関係。〔9の人〕は全体のバランスを見て、人間関係の凸凹を修復するなど〔3の人〕ができないことを広くカバーできるのです。

恋の相手・結婚相手としては

とても幸せそうな3×9のカップルにたくさんお会いしました。〔3の人〕はとにかくびっくり箱。それが〔9の人〕のツボなのです。〔3の人〕は〔7の人〕に恋をしたり〔5の人〕とワチャワチャしたりしますが、結局は安定の〔9の人〕を選ぶというようなシナリオです。結婚すると〔9の人〕は〔3の人〕に指導的です。「いちいちうるさいなー」とイヤになったりするかもしれませんが、結局は愛し続けるでしょう。

親子としては

3が親で9が子ども「親へアドバイス」

力関係は親子逆転しています。〔3の親〕は〔9の子〕に上から目線で教えられることも多いはずです。「お母さん、また忘れてるよ！」。子の指摘にビックリする親。ほほえましい関係です。

9が親で3が子ども「子どもをのびのびさせて」

〔9の親〕の作った世界で〔3の子〕が泳ぐ感じです。世界が広いものであれば〔3の子〕は大きな飛躍ができます。親はあれダメこれダメと言わないように。〔3の子〕も狭く感じたら飛び出していいのです。

うまくいかないときの対処法

・もしも問題があるとしたら、すでに離れている。3×9が無理して付き合うことはない。
・職場の同僚、ママ友など社会的に継続が必要な関係なら、ランチくらいはいっしょにする。少なくとも〔9の人〕は誘う。〔3の人〕は逃げるかも。
・〔3の人〕は〔9の人〕の話を面倒だと思わずに聞いてみる。好意のアドバイスだから。〔9の人〕は〔3の人〕のタイミングを待つ。おたがい歩み寄りが大事。相性はいいので。

3×11

監督と秘蔵っ子

〔3の人〕は見たいものしか見ない。〔11の人〕は常に自分がすべきことを探している。フォーカスしている部分がまるで違うふたりは、野球チームの監督（11）と天才の秘蔵っ子（3）のようなちょっと不思議な関係性。〔11の人〕は相手を成長させたくてスポ根めいた厳しいダメ出しをしますが、〔3の人〕は言うことを聞きません。でも、代打で場外ホームランを打つようなドラマティックな感動を見せてくれます。

仕事仲間としては

天才外科医（3）と熟練外科医（11）のイメージ。発想が豊かで美的なセンスがある〔3の人〕と実務能力や交渉力のある〔11の人〕がいっしょになれば、クオリティの高い仕事ができそうです。プロフェッショナルな現場では適当な仕事をしない〔3の人〕ですが、時間を守るのが得意ではないので、〔11の人〕が手を焼きそうです。

恋の相手・結婚相手としては

〔11の人〕は心配する気持ちが好意に変わります。無鉄砲な〔3の人〕はぴったりの相手です。恋愛中は危なっかしい感じを楽しむでしょう。しかし結婚は別です。〔11の人〕は、志を同じくする人と結婚したいのです。ともに人生の荒波を乗り越えてくれる同志。〔3の人〕が経済的に自立していると〔11の人〕も安心です。結婚してからは束縛しないけど、つらいときはいっしょにいる素敵な夫婦になるでしょう。

親子としては

3が親で11が子ども「子どもに説教される」

〔11の子〕は少し厳しいかも。〔3の親〕の直すべき部分を率直に指摘するでしょう。相手を思ってのことです。〔3の親〕は親らしく立派でいたいのですが、〔11の子〕には頭が上がらない感じになります。

11が親で3が子ども「余裕のある子育て」

〔11の親〕は〔3の子〕の特性を見極めます。たとえ注意すべき言動があっても成長を見守る余裕があります。欠点ですら子どもが持って生まれた大切な性質だということを理解している「わかっている親」です。

うまくいかないときの対処法

・大ゲンカにはならないが、〔11の人〕が〔3の人〕に失望することはある。たとえばみんなで合唱の練習をする約束をしていたのに、大遅刻をするとか。〔3の人〕は悪気なし。「天気がよかったから公園に行ってた！」。
・11は「あなたには失望した！」とは言わないので、第三者が「〔11の人〕は準備していたんだよ」と仲裁してあげるとよい。〔3の人〕は驚いて反省する。素直な人なので。

3×22

強運の持ち主

持って生まれた運がすごい、というのが共通点です。〔3の人〕は天才的な人が多く。まわりの人に才能を見出されながら生きていく人です。一方〔22の人〕は、主体的に物事を動かす側です。目的のために人を使い、壮大な夢をかなえます。〔3の人〕が宝石だとすると、〔22の人〕はその宝石を使って商売をする豪商という感じでしょうか。種類の違う運ですが、天が与えた何かを持っている、という点では同じです。

仕事仲間としては

同じ家電の開発をしていても〔22の人〕は「どうしたら売れるか?」、〔3の人〕は「どうしたらおもしろいか?」と物事の違う面を見ています。〔3の人〕がいる職場は笑い声があふれ、みんなの中心で〔3の人〕はひっくり返って笑っています。〔22の人〕はその輪のなかにいませんが、〔3の人〕を叱りはしません。ふだん交わらないけど、相手が自分にないものを持っていることは承知していて、必要があるときには相談し合うでしょう。

恋の相手・結婚相手としては

〔3の人〕のピカピカ光っているようなかわいらしさを、〔22の人〕は自分のものにしたくなるでしょう。〔3の人〕を落とすにはかなりの犠牲（貴重な時間を割いてプレゼントを買ったり食事に行ったり。ほかの数字にはふつうのこと）を払わなければなりませんが、その価値があるとがんばります。しかし、結婚すると自分のパートナーとして生きてほしいと願います。それは〔3の人〕にとっては無理なことかもしれませんねー。

親子としては

3が親で22が子ども「子が誉れ」

〔22の子〕は親の言うことを聞きませんし相談もしません。〔3の親〕は振り回されますが、何か大きなことをやってくれそうだとすごく楽しみにしています。実際に誉れとなるような実績をあげるでしょう。

22が親で3が子ども「親が子を信頼しすぎる」

〔22の親〕はサポートの必要な子には献身的に尽くす人です。しかし〔3の子〕が自分でできる子だとわかるとすぐに自分の仕事に戻ります。〔3の子〕は甘えん坊なのでさみしいかも。自由に動ける気楽さはあります。

うまくいかないときの対処法

・ケンカにはならないはず。力関係でいうと〔22の人〕のほうが強力。弱いものいじめは絶対にしない。
・うまくいかないとき、〔22の人〕はもめる前にさらりと離れ、〔3の人〕も深追いしない。おたがいさみしさは感じるが無理して関係を続けようとはしない。数年後、仕事上の付き合いが必要であれば、またゼロから関係を始められる不思議な温度感のふたり。

3×33
木漏れ日の光

やさしい光に包まれているようなふたり。いま現実に起こっていることと、想像の世界のことを等しく感じています。「見えない世界」を味わえる人たちなのかもしれません。未知なるものに惹かれ、アニメや歴史などファンタジックな趣味で意気投合します。パワースポットも好き。明るい面、楽しい面だけ見て生きていきたいので、現実的な問題を解決するには別のだれかが必要になります。

仕事仲間としては

楽しくおしゃべりしながらできる仕事が向いています。結婚式場や保育園など明るい未来を感じられる職場がいいでしょう。ストレスがたまると〔3の人〕はあからさまに不機嫌になります。〔33の人〕は〔3の人〕の機嫌の悪化を止められません。ハラハラしているか、いっしょになって怒るか。共感的な行動に出るはずです。

恋の相手・結婚相手としては

惹かれ合うふたりです。ただ〔33の人〕は「ひとりに決める」のが下手で〔3の人〕をやきもきさせそうです。誘われると行ってしまうのは〔33の人〕の特徴です。でもせっかちな〔3の人〕を待たせるのはよくありません。結婚後は楽しい家庭になりますが、〔3の人〕はわりと要求が多いのです。「これ食べたい！あれしたい！いますぐ！」と。〔33の人〕を困らせるかもしれません。〔33の人〕がゆったりできるといいですね。

親子としては

3が親で33が子ども「運と福を持つ」

人の話を聞いていない〔33の子〕に〔3の親〕は一生懸命教えようとします。しかし〔33の子〕は「はいはい」と返事をするだけ。生まれながらに運と福を持つふたり。化学反応でおもしろいことが起きそうです。

33が親で3が子ども「自由に遊ぶ」

〔33の親〕は〔3の子〕の無謀さに付き合います。突飛な行動をおもしろがってもくれるし、いっしょに遊んでくれるのです。健康でさえいてくれれば何も言うことはない、と親は思っています。

うまくいかないときの対処法

・〔3の人〕は〔33の人〕の気持ちがわからなくてイライラ。ハッキリ返事はしないし、いつもニコニコしているだけで行動を起こす気配がない。
・〔33の人〕は自分で決めるのが苦手なだけ。〔3の人〕が「こうしよう！」と言えば解決。
・〔3の人〕の勝手が過ぎたとしても、〔33の人〕はただその場にいてその感じを「味わう」。そうしているうちに〔3の人〕の気が変わるのでイヤな気持ちもあっというまに通過。

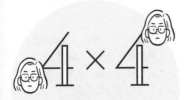

揺るがぬ設計図

〔4の人〕同士はしっくりきます。多くを語らないところ、先を見据える能力を持っているところ、計画を立てるのが好きなところなど、「性質」を共感し合えます。ライバル関係でもフェアに戦えます。抑えのきいた感情表現をするので相手を不快にさせません。仕事仲間としても友人としても恋人としてもいい相性です。ただし、ふたりだけでいると変化にとぼしいかも。第三者をまじえて新しい風を入れたいところですね。

仕事仲間としては

デキる人です。「継続は力なり」を地でいく姿に人々は敬意を払うでしょう。〔4の人〕はまわりの人にも努力を望む人です。怠けている人やだらしない人は嫌いです。〔4の人〕同士はおたがいを厳しく見張っているような感覚です。財務コンサル、金融アドバイザーなど、お金に関する分野で切磋琢磨していそうなふたりです。

恋の相手・結婚相手としては

安定的なカップルになります。大切にするもの、不安なものが同じですから。〔4の人〕はルール、法律、お金、家族など、自分を不安から守ってくれるものを大切にします。不動産が好きなのもその流れです。結婚するとパートナーとのきずなは強くなります。法律上もふたり組になったということで、家庭を大切に守る気持ちが生まれます。家を買い、資産運用をして老後に備えます。浮気を嫌悪します。ルール違反は絶対ゆるしません。

親子としては

4同士の親子「心安らぐ関係」

わかり合えて心安らぐ親子です。価値観が同じで、話さなくても理解し合えます。しかし親のタイミングで子を動かそうとすると反撃にあいます。子も親の言いなりになるようなヤワな子ではないのです。〔4の親〕は「自分だったらどう思う？」と自問自答するべき。意見が衝突したときは、おたがいシャッターをおろして口をきかなくなるので、だれかに仲裁してもらうか、できれば親のほうから歩み寄ってほしいなと思います。

うまくいかないときの対処法

・「正しいやり方」で仕事しているところに、間違いを指摘されたりするとムッとする。
・〔4の人〕のトラブルを解決するのは難しい。なぜなら相手をシャットアウトするクセがあるから。4×4の組み合わせでも、こじれると「話もできない感じ」に。
・〔4の人〕の成長のため、ふたりで解決してほしい。だれにも間違いはあるし、心を開いて指摘を受け入れることを学んで。理詰めで話せばわかり合える。

硬軟
マーブリング！

〔4の人〕と〔5の人〕は正反対です。特に「自由度」という点で大きく違います。気分とひらめきで生きている5に対して、4はルールと合理性の人生。しかし自分にない個性に惹かれ合うようでうまくいく関係です。そもそも〔4の人〕は自由さにあこがれています。そのあこがれを体現してくれるのが〔5の人〕。一方〔5の人〕も大人としてちゃんとできないというコンプレックスがあり、理知的な〔4の人〕を尊敬しています。

仕事仲間としては

〔5の人〕の直感と行動力を成果に結びつけるには、〔4の人〕の地道なサポートが役に立ちます。また〔4の人〕のまじめでスキのない仕事ぶりに、円滑な人間関係をつくる〔5の人〕の力があれば最強です。4がよく練られた計画を作り、5がそれをうまく説明して売り込むイメージ。スピード感の違いで時にぶつかることもありますが、かなりよい組み合わせだと思います。

恋の相手・結婚相手としては

〔4の人〕は恋愛もまじめです。浮気は絶対にゆるさない！ しかし〔5の人〕はモテちゃうんですよね〜。そして性に関して奔放！ 倫理観の相違で、熱愛と別れを繰り返すようなカップルになるかも。結婚生活の持続には、〔4の人〕のほうから、社会的責任や子どもの養育について、恋愛時代によく話をしておくことが必要です。〔5の人〕の結婚は恋愛とイコールですが〔4の人〕に重要なのは「ちゃんとした生活」なのです。

親子としては

4が親で5が子ども「自慢の子」

「親が子どもに夢を見る関係」。かわいくて、華やかで、勉強ができたり、ダンスが上手だったり、わかりやすい魅力を持つ〔5の子〕を、あちこちで自慢しているはずです。親が子どもに理想を押し付けなければ◎です。

5が親で4が子ども「親が子を泳がせる」

親は子どもを信頼します。しっかりしている子どもなので安心です。子どもとしても自由にさせてくれる親で居心地がよいでしょう。まじめな子どもとチャラッとした親という、ドラマのような楽しい組み合わせです。

うまくいかないときの対処法

・〔4の人〕に必要なのは安定感。一方〔5の人〕に必要なのは刺激。そもそも正反対のふたり、仲が悪くなっても「しょうがない」。無理していっしょにいる必要はないのでは？
・関係を改善するとしたら、真ん中に人を入れて三者面談するしかない。仲裁役は〔9の人〕か〔11の人〕がいい。仲を取り持ってもらい、話し合いができるだけでもナイス。
・できればお酒が入っていると話が円滑になる。特に〔5の人〕のほうが。

4 × 6

マロン グラッセ

カタイ感じの〔4の人〕ですが、〔6の人〕といっしょにいると甘い香りがします。〔4の人〕の奥底に眠るやさしさが、〔6の人〕によって表出するのです。〔6の人〕がやさしさと賞賛を求めるからです。また〔6の人〕の「これちょうだい♥」という態度をそばで見て、〔4の人〕はこんなふうに甘えていいんだと学びます。〔6の人〕は努力家なので、仕事や勉強において具体的な努力をします。その点は〔4の人〕のお眼鏡にかないます。

仕事仲間としては

努力家＆努力家、博物館や図書館など知的な職場できっちり結果を出すふたりが浮かびます。〔4の人〕は自分の仕事に誇りを持って、自分のやり方に納得しています。一方〔6の人〕はどんなに成果を上げていても基本的に自信がありません。〔4の人〕が〔6の人〕をちょいちょいほめてあげるとビジネスがうまくいきます。「今日もありがとう」のひとことでOKです。

恋の相手・結婚相手としては

〔4の人〕は〔6の人〕を独り占めしたくなります。だれにでもやさしい〔6の人〕に嫉妬をするかもしれません。しかし、実はやきもち焼きは〔6の人〕のほう。〔4の人〕がほかのだれかをほめるだけで傷ついてしまいます。4×6は、「だれよりもあなたを愛する」という信頼が不可欠。刺激ではなく安定を求めるカップルです。結婚したら、〔6の人〕の無駄づかいを〔4の人〕が叱りつつ、安定した生活を営むでしょう。

親子としては

4が親で6が子ども「ほめれば子は伸びる」

〔6の子〕はほめられなければ伸びません。これは強調したい点。律して子を育てたい〔4の親〕には試練です。親は子のダメなところを直したいと思いますが、欠点を指摘すると委縮します。いいところだけ見て！

6が親で4が子ども「子が親を守る関係」

〔4の子〕は親を守る使命感を持ちます。家族をとても大切にする〔4の子〕は、やさしくて甘えん坊な親を世間から守りたいと思うのです。本当は〔6の親〕のほうがずーっと人付き合いが上手なんですけどね。

うまくいかないときの対処法

・人間関係が「うまい」〔6の人〕は周囲をネゴで動かす。たとえば演劇部で監督を説得して配役を自分の思うように変更するとか。〔4の人〕は、決まったことを変えられるなんてゆるせない。でも「変更した」ことより、「本質」に着目すべき。新しい配役のほうがよいものかも。
・4も6も基本的に傷つきやすい。〔4の人〕はまじめに考えすぎる。〔6の人〕は自分を守ることに一生懸命。関係を修復したいなら第三者に仲裁を頼む。〔9の人〕あたりが適任。

4 × 7

デキる家電

言葉が少なくデキるふたりは、たとえるなら優秀な家電。理知的な〔7の人〕と〔4の人〕は、じっくり考えて冷静に物事を判断していきます。何を任せても頼れるふたりです。時間をかけておたがいを知り、長く交友を続ける仲間になります。心の奥底は熱いのに、クールに見えるところも共通しています。〔7の人〕のほうが言葉足らずで、何かを勝手に決めてしまうことも。〔4の人〕は怒って黙り込みます。おたがい努力が必要です。

仕事仲間としては

空港の管制官や鉄道の運行を制御するような仕事が思い浮かびます。失敗がゆるされない場所でパーフェクトな仕事をする同僚同士です。〔4の人〕も〔7の人〕も譲らないところがあります。どちらかが折れるのではなく、相手の話をよく聞くというのが活路です。間違ったことは言わないふたりですから聞けば納得できるはずです。

恋の相手・結婚相手としては

ふたりとも「能力に惚れる」ところがあり、「デキる人だな」と意識するところから恋が始まります。〔4の人〕は本心をなかなか見せませんが、一度カップルになったら相手をとても大切にします。〔7の人〕も、見境なく好きになるタイプではなく、じっくり吟味してからの愛情です。結婚後はそれぞれがキャリアを積み重ねる夫婦に。金銭面に厳しい〔4の人〕と時間の使い方にこだわる〔7の人〕の折り合いをつけることが課題です。

親子としては

4が親で7が子ども「子の才能を理解」

〔4の親〕は〔7の子〕を信じています。「この子は私以上の才能を持つ何者か」だと。自分がかなわないようなすばらしい人物なのだと。人に自慢したくてしかたがないはずです。幸せな親でいられると思います。

7が親で4が子ども「尊重し合う」

〔7の親〕は〔4の子〕に多くは望みません。自分なりに生きていければいいよ。あなたの人生はあなたのものだよ。それは子どもへの信頼にもとづいています。たがいに尊重の気持ちがある安定的な親子関係です。

うまくいかないときの対処法

・〔7の人〕も〔4の人〕もイヤになると口を閉ざす。恋愛であればフェイドアウト、仕事であれば解決しないまま時間ばかりすぎる。

・どちらかが謝るのではなく、各自の「理屈」を聞いて一致点を見出すのが解決法。

・事前のルール決めが有効。「トラブルがあったときにはかならず1時間ふたりで話をすること」というようなもの。婚前契約のように、関係のよいときにルールを決めておくとよい。

4 × 8

大きな椅子

信頼と安定を求めるふたりです。その点でおたがいのニーズが一致しています。いっしょにいると大きな椅子にゆったりと座っているような落ち着きが生まれるでしょう。ふたりとも「努力するのが当たり前」という信念を持っています。相手のまじめさが心地よいはず。相性はいいのですが、心から好きになるかはまた別問題です。8のあまりに繊細なところや4の厳しい発言までひっくるめて、愛し合えるといいなと思います。

仕事仲間としては

大きな仕事を成し遂げる仲間です。〔8の人〕は大局を見たい、〔4の人〕は小さな数字も見落としたくないという違いはあります。失敗を恐れる〔8の人〕ですが、もし失敗したとしても〔4の人〕だけには打ち明けられます。感情を挟まず合理的に対処するからです。大きな貿易の仕事をしていて〔8の人〕が何百万円もの発注ミスをしたとします。〔4の人〕はすぐに「この材料をあの部署で使ってもらおう」と具体的に動くでしょう。

恋の相手・結婚相手としては

誇り高いふたりです。向上心があるので自分を磨きますし、相手にもそれを求めます。恋愛相手を選ぶのに「好き」という情熱よりも、育ちのよい言動、身だしなみのよさ、学歴、規律正しい生活態度など、品格のようなものが必要で、その価値観も共感できます。結婚後は、家庭というユニットをつくっていくよきパートナーとして、派手さはないものの、上品で思いやりのある家庭を長く維持していきます。

親子としては

4が親で8が子ども「親孝行に満足」

〔4の親〕には理想があります。子には正しく人に好かれるようになってほしい。〔8の子〕はまさにそんな感じの人です。すべての数字のなかでいちばん「親孝行」をする子どもです。

8が親で4が子ども「いつもほめてもらえる」

基本的に〔8の親〕は我が子を信じています。自分の子は立派ですばらしい存在だと。地道に努力を重ねることができる堅実な〔4の子〕は、いつも親にほめてもらえるでしょう。

うまくいかないときの対処法

・〔4の人〕は心を閉ざしてシャットアウト、〔8の人〕は相手を敵と思い攻撃的になる。
・かならず「きっかけの出来事」があるからそこを探る。〔4の人〕が「8はたいしたことない」と言ったのが〔8の人〕の耳に入ったとか。〔8の人〕があまりに上から目線だとか。
・ほかの数字のように「なんとなく嫌い」はないふたり。ポイントは「いつからうまくいかなくなったのか？」。「きっかけの出来事」を特定し、自分の何がいけなかったかを理解する。

4 × 9

弁護士の楽屋裏

ルールを大切にするところが似ています。〔4の人〕と〔9の人〕はまじめに仕事をするし、人にもすごく親切にする。でも世の中には常識はずれな人も多くてやりきれないことも。そんなとき、「まったく、ちゃんとやってくれよー」とガス抜きできる同士なのです。裏でグチを言い合える貴重な相手。特に〔4の人〕は、本音を言えずがまんしていることも多いので、〔9の人〕がしっかり話を聞いてくれることが、救いになります。

仕事仲間としては

〔4の人〕は努力家です。〔9の人〕は努力をする人が大好きです。きっと〔4の人〕を特別扱いするはずです。〔9の人〕が校長先生だったら、人一倍努力する4の先生に目をかけ、4の希望をいちばんにかなえるでしょう。努力家が報われるのは当たり前と考えるからです。情に流されない〔4の人〕も〔9の人〕の温情にはほだされます。そしてもっとがんばります。

恋の相手・結婚相手としては

まじめで一生懸命な〔4の人〕を〔9の人〕が見初めます。缶コーヒーを買ってあげたりして。〔4の人〕は近づきがたい印象なのですが、〔9の人〕が「あの書類は作っといたよ」なんて目をかけてあげると、やさしさが引き出されていきます。話の弾む素敵なパートナーになります。結婚すると「家族さえいればほかに何もいらない」と思えるほどに、家庭に愛を注ぎます。他人とはっきり区別し、密閉された愛のユニットを作ります。

親子としては

4が親で9が子ども「子に助けられる」

〔4の親〕が干渉してきたとしても、〔9の子〕は争いを避けるのが上手ですし、ぶつかるような言い方をしません。9は4よりも精神的に大人です。相談したり判断を仰いだり、〔4の親〕は頼もしい子に助けられます。

9が親で4が子ども「納得し合う」

〔9の親〕は親業が向いています。〔4の子〕は人の言うことをあまり聞かないがんこ者ですが〔9の親〕の言うことなら聞くはずです。親の話はいつも「もっともだ!」と思えるからです。正しい親子像ですね。

うまくいかないときの対処法

・〔9の人〕は人間が好きでよく干渉する。「もっとこうしたらいいよ。それはやめたほうがいいよ」とあくまで親切心から。〔4の人〕が〔9の人〕の親切な助言を「うるさい!」と思い、口をきかなくなるパターンが多い。
・〔9の人〕は〔4の人〕を「がんこだ!」と思うが、まず自分がtoo muchであることを自覚して。〔4の人〕は、〔9の人〕の指摘は、全体のためを思ってのことと理解して。

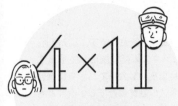

「私、失敗
しないんで」

〔4の人〕も〔11の人〕もわりと厳しい雰囲気を持っています。見た目はおとなしそうでも言っていることは「もっとちゃんとしろ」だったり。〔11の人〕がまず突っ込んで行動し（たいてい人助け）、〔4の人〕がその手助けをするような力関係。他人への興味関心が比較的低い〔4の人〕ですが、〔11の人〕の無私の行動を見ていると自分もがんばらなくちゃ！と思えます。「私たちは確かに人を助けられる」という自信がみなぎるふたりです。

仕事仲間としては

〔11の人〕は高い要求を出すかもしれません。その要求に応えることは難しいのですが〔4の人〕ならばできるはずです。実務能力に長けているからです。成功すると〔11の人〕と〔4の人〕はさらに上を目指します。成功は約束されているようなものですが、ひとつだけ気をつけることが。大きな目的を共有することです。〔11の人〕が社会活動に意義を見出しているのに、〔4の人〕は売上を第一優先にするなど、大義がずれると大変です。

恋の相手・結婚相手としては

色っぽさ、艶っぽさをあまり感じないふたりです。恋に落ちて激情に任せて恋人になる！というより、尊敬の気持ちから付き合いが始まるでしょう。〔11の人〕は完璧な人にはあまり注意を向けませんから、〔4の人〕は弱さを見せる必要があります。結婚したら〔4の人〕が家庭を守ります。〔11の人〕は社会的活動のため、外に出動してしまうことも多いので。友人や地域から頼りにされるような立派な家庭です。

親子としては

4が親で11が子ども「いっしょにがんばる」

〔11の子〕の目標に親が付き合い、ともに取り組む感じです。〔4の親〕はがんばる我が子が頼もしくうれしく誇らしいのです。〔11の子〕はあんまり親のことは気にせずに黙々とやってますけどね。

11が親で4が子ども「親が子に感心する」

「見えている」〔11の親〕ですが〔4の子〕はその親を驚かせるようながんばりを見せてくれます。徹夜で仕事とか、受験で一発逆転とか。〔4の子〕の底力を見るとき、親は心から感心するでしょう。

うまくいかないときの対処法

・〔11の人〕は誠意には誠意で返してほしい人。たとえ反対意見であっても。
・〔4の人〕は、〔11の人〕のアドバイスをうとましく感じたとしても、率直に意見せずにぐらかしたりスルーする。それで〔11の人〕は失望して離れたくなる。
・〔4の人〕は自分が変わる気はないので、相手に変わってほしいと思う。もしも関係を続けたいなら、続けたいと思うほうが「ごめんなさい」と言うしかない。

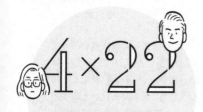

努力と金運

ふたりとも、お金が大切だという価値観です。〔22の人〕はみんなに還元するため、〔4の人〕は安心して暮らすために、がんばって仕事します。努力家で、さらに金運も持っているので、ビジネスの話が弾むでしょう。どちらかというと〔22の人〕のほうが、仕事好きかもしれませんね。〔22の人〕はあまり人に相談をしないので、〔4の人〕が知らないうちに大切なことが決まっていてショックを受けるかもしれません。

仕事仲間としては

独立、起業が向いている〔22の人〕が、仕事のデキる〔4の人〕を引き抜くイメージ。起業し始めはふたりきりの会社かもしれません。「これは売れる！」と大きな賭けに出る〔22の人〕とハラハラしながら見守る〔4の人〕（もちろん実務はしっかりやります）。どんどん売れてオフィスがだんだん広くなり、上場し、資産も増えて〔4の人〕も安心します。〔22の人〕が強い意志で〔4の人〕を引っ張り、責任も取ります。

恋の相手・結婚相手としては

〔4の人〕が〔22の人〕に「すごい！デキる！」とあこがれるところから恋が始まります。〔4の人〕は信頼した人とずっといっしょにいたい人。〔22の人〕は大きな目的を果たすほうに魅力を感じる、恋愛は二の次の人。〔4の人〕は〔22の人〕の合理的な発想（「転勤になったから別れよう！　元気でね」）にショックを受けるかもしれません。結婚後のほうがむしろ関係はよくなり、〔4の人〕が〔22の人〕の仕事を支え成功を勝ち取ります。

親子としては

4が親で22が子ども「親が子に尽くす」

〔4の親〕は〔22の子〕のためにあらゆるサポートをします。子どもが仕事や学業で成功するためなら〔4の親〕もとことんがんばります。〔22の子〕は〔4の親〕の希望の星なのです。

22が親で4が子ども「親が子を振り回す」

〔22の親〕は子ども思いですが、意識が社会に向いているので仕事に没頭します。〔4の子〕を「大丈夫だ」と信頼しているのです。急な転勤などで振り回すかもしれませんが、〔4の子〕はがまんするでしょう。

うまくいかないときの対処法

・〔22の人〕の人付き合いの基準は「必要or不必要」。「好き嫌い」ではない。
・〔4の人〕は、勝手に決められたり、自分のプランに横やりが入ったりして怒りを感じる。
・一度こじれると仲直りが難しい。
・感情的ではない〔22の人〕は、相手が自分にとって必要な人だと思えばかんたんにゆるす。
・〔4の人〕も同じような部分がなきにしもあらず。でも感情的なので謝罪の言葉が必要。

4×33

蝶とアナグマ、同じ空の下

〔4の人〕と〔33の人〕は共通点が見当たりません。ひらひらと自由に飛び回ってあちこち出没する蝶（33）と、地中で家族とともに暮らすアナグマ（4）。まったく違っても同じ空の下でともに暮らす大切な存在です。〔4の人〕は〔33の人〕の自由さに好感を持ちますし、〔33の人〕は〔4の人〕の地に足がついた生き方を尊敬します。〔4の人〕は〔33の人〕をよく助けます。〔33の人〕が〔4の人〕の好意に感謝できればとてもよい関係が築けます。

仕事仲間としては

「ゆるみ」と「引き締め」のいいバランスです。たとえば〔4の人〕がマネージャーで、〔33の人〕に接客の仕事を振ります。〔33の人〕は〔4の人〕のために一生懸命になれますし、心をこめて通り一遍ではない接客をします。人気のある〔33の人〕がお客様と友だち感覚になりすぎたら、〔4の人〕が秩序を保つように引き締めるのです。

恋の相手・結婚相手としては

「先週○○（異性の友だち）がうちに来てさ〜。酔っ払っちゃって大変だったよ〜！」といった〔33の人〕の悪びれない態度に、〔4の人〕が不安になるかも。〔33の人〕は「ただの友だちだよー！」と恋人と線引きしているつもりですが、実際だれにでもやさしいのです。ふたりきりのときは幸せです。〔33の人〕が〔4の人〕を喜ばせようとするからです。結婚したら家庭は円満ですが、〔33の人〕はあまり家にはいないかもしれませんね。

親子としては

4が親で33が子ども「学び合える」

ルールをつくって整備し、見通しを立ててから行動したい〔4の親〕と、ふわふわ流れるように生きている〔33の子〕。〔4の親〕は〔33の子〕が心配ですが、違うからこそ学び合える親子になるでしょう。

33が親で4が子ども「ピンチのときだけ親の出番」

〔33の親〕は〔4の子〕を頼りにしています。自分にない能力をたくさん持っているからです。物事が順調に進むときは子どもがリード、うまくいかないときは親の力を借りる関係。〔33の親〕は急場の対処が上手なのです。

うまくいかないときの対処法

・〔4の人〕は相手を管理したいと思う。〔33の人〕は話をはぐらかして決断を先延ばしにする。〔33の人〕はうるさくて逃げたくなる。〔4の人〕はイライラ。
・「共通してない点」を話してみるといい。価値観が違うのでその部分に着目する。おすすめなのは「自分の大切にしているもの」について話すこと。〔33の人〕は〔4の人〕が大切にしている「ルール、まじめさ」を尊重すべき。〔4の人〕にいつも助けられているのだから。

5×5

ナイトクラブ

先のことを考えずにいまを楽しみたい刹那的なふたり。お酒、ダンス、飛び散る汗、ミラーボール。ナイトクラブの一夜をイメージさせるコンビです。どこまでも盛り上がっていきます。才能のある人同士。たとえば同じバンドのボーカルとギターで人気を二分している、などキラキラした存在です。批評眼にも優れ、アートの話題が尽きません。ほかの数字の人には見せないナイーブさも、オープンにできるでしょう。

仕事仲間としては

最新のテーマパーク、BMWのディーラーなど、華やかな職場でおたがいの実力を認め合って切磋琢磨していそうです。「どちらのほうがイケてるか?」を競い合うのです。発想力、営業力、行動力があるふたりですが持久力と調整力が課題です。思慮深い〔9の人〕、冷静な〔4の人〕が仲間に加われば最強でしょう。ふたりがいれば停滞知らずの明るい職場です。

恋の相手・結婚相手としては

すぐ恋に落ちそうです。会ってすぐに付き合い出しラブラブになったと思ったらケンカになっていったん別れたんだけど、やっぱり好きだから会いたくなって……を繰り返しそう。もともと恋多き女、男なのでほかの人を好きになるかもしれません。結婚生活を持続させるには、いつまでも「男と女」でいること。スキンシップが超大事なので、子どもがいても、ハグやキスを1日に何度もする関係でいましょう。

親子としては

5同士の親子「親友同士」

〔5の親〕は〔5の子〕を自分と同じ人間として尊重します。子どもだからといって「親の意見を聞きなさい」などと言いません。相談し合い、励まし合うステキな親友のような関係です。ただ、鏡のようなふたりなので、

ふたりともまったく同じことをやっているのに、「あなたはだらしない」「あなたこそだらしない」という言い合いをすることはありえます（笑）。でもそれは一時的なことで、結局は愛し合っている親子でしょう。

うまくいかないときの対処法

・うまくいかないとすれば、お調子者な〔5の人〕がウケたいがために、相手の失敗談を仲間に話してしまうなど。陰で「あいつ、この前フラレたんだよ」みたいなことを言うとか。〔5の人〕はかっこ悪い、ダサいのが大嫌い! 人にダサいと思われたら傷つく。

・仲直りは飲食をともにするのがいちばん。カレーでもラーメンでも相手の好きなものを食べに行くと気持ちがほぐれる。お酒だとなおさら◎。

5 × 6

アイドルグループ

美しいもの、おもしろいもの、新しいものに敏感なふたり。刺激を与え合う関係です。いっしょにいると、もともと冴えているセンスがますますアップする感じです。ルックスも魅力的。人気を争うため「棲み分け」が重要。同じアイドルグループにいるとして、5はお笑いかセクシー担当、6はラブリーなお姫様や王子様。同じ土俵で戦わないように。職場や飲みの場でも花形になれるふたりです。人気者ゆえの悩みも共感できるはず。

仕事仲間としては

美しいものを売るデパート、空港や免税店など外国のお客様を接遇する場所などが、ふたりに合う職場です。「人に見られる素敵な仕事」というのがポイント。ユニフォームが素敵だとなおいいでしょう。発想、発案の〔5の人〕に対して〔6の人〕は根性の人。じっくり精進するのが得意です。ほめ上手な〔5の人〕の「それいいね！」のひとことに、〔6の人〕はずいぶん救われるでしょう。

恋の相手・結婚相手としては

「この人といっしょにいると自分も素敵に見えるかも」といった感覚で近寄るかもしれません。しかしいっしょにいるうちに離れられなくなります。人を喜ばせるのが上手なふたりなので。〔5の人〕は浮気がばれないように注意！〔6の人〕は怖いですよ。結婚すると現実感のない夫婦になります。まわりからも「素敵！」と思われるでしょう。浪費には注意してくださいね。人生は長いのです。

親子としては

5が親で6が子ども「愛とものを捧げる」

〔6の子〕は自分のかわいさを使って多くのものを手に入れられます。〔5の親〕はファンのように愛を捧げます。「こんなかわいい子の親になれて幸せ」と思っています。

6が親で5が子ども「親が子を飾る」

〔6の親〕には自分が素敵だと思う装いを子どもにもさせたい！というこだわりがあります。〔5の子〕はそのモデルとして適任。「素敵な親子ですね」とほめられるのが何よりもうれしい〔6の親〕です。

うまくいかないときの対処法

・仲たがいの原因は〔6の人〕の嫉妬かも。〔5の人〕ばかりちやほやされているとか。
・素敵な〔6の人〕なのに、どうせ自分には魅力がないからと落ち込む。怒る人には反撃できるが、落ち込まれると心やさしい〔5の人〕はどうしてよいかわからない。〔6の人〕にいままでやってくれたことを感謝するとよい。それも何度も繰り返し「ありがとう！」。
・〔5の人〕が怒った場合は、とにかく飲みに行こう！

5 × 7

絶妙な トッピング

クールな人と思われがちな〔7の人〕ですが、〔5の人〕といっしょにいるとお茶目で楽しい面が出てくるようです。実は本当にクールなわけではなくて、人にサービスするのが面倒なだけ（笑）。〔5の人〕の「いわゆる〔5の人〕らしい振る舞い」に、〔7の人〕がシニカルで絶妙なつっこみを入れて、場がぐんと盛り上がりますし、〔5の人〕も7の独特の視点をおもしろがります。〔5の人〕は〔7の人〕を解放させる何かを持っているようです。

仕事仲間としては

遊びと仕事の境がない〔5の人〕。お客さんとゴルフ仲間になって高級車を売ったり、飲み会で大きな商談をまとめたり。〔5の人〕には好きに動いてもらい、全体を〔7の人〕が冷静に仕切るという役割分担になりそうです。ときどき7の合理性があらわれて厳しい指摘をするはずです。〔5の人〕は叱られると、事務所に寄りつかなくなるなど、「はっきりと逃げ」ます。

恋の相手・結婚相手としては

〔5の人〕は百戦錬磨の恋愛マスター。いつもクールな〔7の人〕も、〔5の人〕に惚れたらのめりこみそう。〔7の人〕はふだん泰然と振る舞いますが、恋愛はおくてなのです。〔5の人〕は、ひとりでいたい〔7の人〕が連絡しなくても気にしません。〔7の人〕は〔5の人〕が異性と遊びに行ってもゆるします。結婚した場合、別行動の多い夫婦に。いっしょにいるときはラブラブなので、週末婚のような形態が理想なのでは？

親子としては

5が親で7が子ども「親のほうが熱い」

クールな〔7の子〕に対して、〔5の親〕は熱い。「大丈夫だよ！」とポジティブに励ましたり、「大好き！」と愛情を伝えたり。〔7の子〕がおもしろくてかわいくてしかたがない〔5の親〕なのです。

7が親で5が子ども「聞かなくてもわかる」

〔5の子〕は実は心にいろいろな気持ちが渦巻いていますが、ナイーブさを表に出すことがありません。〔7の親〕はそれをよくわかっています。理解した上で、できるだけ手を出さずに見守っていたいと思っています。

うまくいかないときの対処法

・ある日突然〔7の人〕から連絡が来なくなる。約束もぶっちぎって電話にも出ない。〔7の人〕には耐えられなかったのだ。交友関係が広い〔5の人〕に連れ回されることに。
・〔7の人〕は「ひとりの時間」が必要なので、うまくいかないときは時間を置くこと。
・〔5の人〕は人々のなかで生きる存在で、さみしがり屋。〔7の人〕は毎日メール1通くらいは送ってあげて。

5 × 8
王と吟遊詩人

〔8の人〕が王様で、〔5の人〕はときどき王宮を訪れる吟遊詩人。〔8の人〕はうらやましい気持ちで〔5の人〕を見ています。人生を楽しんでいていいなぁ。〔5の人〕にも悩みはありますが、〔8の人〕から見るとそれは小さなものに見えます。〔5の人〕にとって、〔8の人〕はやさしく、穏やかで親切な人。〔8の人〕が抱える苦慮には気づきません。交わらないふたりの世界。深くならない関係だからこそ、生まれる安らぎがあります。

仕事仲間としては

行動力のある〔5の人〕は、あちこちで人脈を作り、新しい提案をします。前例や経験値にとらわれる〔8の人〕の頭の固さも、〔5の人〕のおかげで柔軟になることでしょう。反対に5の「新しいものでありさえすれば、商売がうまくいく！」といった思慮の浅さは、〔8の人〕がフォロー。裏の裏まで考え〔5の人〕のミスを防ぎ、プロジェクトを成功に導きます。

恋の相手・結婚相手としては

華やかでキラキラしている〔5の人〕は人気者です。〔8の人〕も好きになりますが、告白はできないかも。好意に気がついた〔5の人〕のほうから近寄ってきて、〔8の人〕は有頂天。プレゼントやデートなどで尽くします。〔5の人〕もその献身がうれしくて「理想の人かも！」と。〔8の人〕が「こうしてほしい」という希望をあらわすのは、かなり経ってからでしょう。結婚後は〔8の人〕が手綱を握って家庭を運営していきます。

親子としては

5が親で8が子ども「親が遊びに誘う」

〔5の親〕は〔8の子〕があまりにもがんばるので心配になって、「遊びに行こうよ」「キャンプ行かない？」と誘います。やらねばならぬと思う〔8の子〕ですが、親から心を開放する方法を学ぶでしょう。

8が親で5が子ども「期待が大きい親」

〔8の親〕は自分の子を立派にしたいと思います。もともと持っている能力が活かせる場も与えてあげたい。ですから教育熱心になります。〔5の子〕は自由な気質なので折り合うのは大変です。

うまくいかないときの対処法

・〔8の人〕が〔5の人〕のルーズさにがまんできなくなる。時間を守らない。返事がいい加減。同じ過ちを繰り返す（←これ多い。納得していないのに返事だけするから）。
・〔5の人〕は〔8の人〕の言動を無意味に感じる。「上司に報告後、部下に根回し」とか。「謎！どーでもよくない？！」と言ってそう。
・解決策は、5が8の指示通りやってみること。意外と生きやすくなるし8も満足。

5 × 9

国立西洋
美術館

〔5の人〕と〔9の人〕がいっしょに美術館に出かけます。〔5の人〕は心を開いて芸術と対峙します。鑑賞者というより作家に近い感性を持っている人です。一方〔9の人〕はキュレーター目線です。「いまみんなの興味の対象はなんだろう?」「だれが人気なのだろう?」。芸術そのものより、人の評価に興味があります。視点が違うふたりだからこそ、助け合えます。特に〔5の人〕の危なっかしさには、〔9の人〕の社会性がほしいところです。

仕事仲間としては

〔5の人〕が斬新な商品を発案したとき、〔9の人〕はどこに売り込めばいいかわかります。逆に〔9の人〕は0から1を作り出すことは苦手なので、〔5の人〕を尊敬します。話好きなふたりは、会話からイメージを膨らませます。〔5の人〕から出たアイデアを、「これはイケる!」と判断できるのは〔9の人〕の統計値があってこそ。

恋の相手・結婚相手としては

新しもの好きのふたり、すぐに意気投合して、流行りのスポットでデートしてそうです。話題も多く、話が尽きないでしょう。結婚となると〔9の人〕は恋愛の延長とはいきません。お行儀がよくて社会性のあるパートナーを選びたいと思っています。〔5の人〕は「ちゃんとして!」と言われながらも、仲のよい家庭を作るでしょう。

親子としては

5が親で9が子ども「子に教えてもらう」

〔5の親〕はわりと気楽に親業をやります。子がしっかりしているからです。子どもって勝手に成長するんだな〜などと考えるかもしれません。子に常識を教えてもらうことも多いのです。

9が親で5が子ども「放っておいて大丈夫」

〔9の親〕は子を心配したり指導したりいろいろ手を尽くしますが、子が自由すぎてあきらめてしまいます。放っておいても〔5の子〕は全然大丈夫。ちゃんと素敵な大人になれます。

うまくいかないときの対処法

・〔9の人〕の親切心からのアドバイスも〔5の人〕のように感覚的な人には伝わりにくい。
・〔5の人〕が〔9の人〕を「うるさい」と思ってしまうとうまくいかない。
・〔5の人〕は「私には私の考えがある」と伝えて。つまり「手を引いて」ということ。
・〔9の人〕は〔5の人〕を下に見ていないか振り返って。大人同士なので尊重の気持ちを。
・飲みに行って、おいしいものを食べて、何気ない雑談で和むと仲直りできるふたり。

5×11
秋の大運動会

〔5の人〕も〔11の人〕も目立ちます。〔5の人〕は動きが派手で華やか。困った人を積極的に助ける〔11の人〕もたぶん有名人。ふたりともスポーツで体を使って遊んだり、徹夜で仕事をしたりと、メリハリをつけて生きているはずです。運動会でたくさんの競技に参加する感じです。汗をかき、生きてる!を実感している組み合わせです。〔5の人〕も〔11の人〕も忙しいのでベタベタといっしょにいることはありませんが、会えばよき仲間です。

仕事仲間としては

職場で一石を投じて孤立してしまった〔11の人〕を、〔5の人〕はかばいます。人をかばうなんてふだんはしないこと。相手が〔11の人〕だからこその行動です。〔5の人〕は〔11の人〕が好きなのです。学生時代の先輩のようにいろいろなことを教えてくれ、自分の意見も聞き入れてくれる、そんなあたたかさをよくわかっています。〔11の人〕も〔5の人〕を付き合いやすい相手と感じています。

恋の相手・結婚相手としては

〔11の人〕はがんばっている人が好きです。いつも何かを夢中でやっている〔5の人〕を、「いいな」と感じます。マニアックな秘境旅や、ガチにスポーツをするなど趣味を楽しむ様子が目に浮かびます。結婚すると〔11の人〕は家庭の外に目を向けます。自身が落ち着いたので今度は外をパトロールです。〔5の人〕は少しさみしい思いをするかもしれませんが、かならず帰ってくる人です。

親子としては

5が親で11が子ども「親子逆転の関係」

〔5の親〕は無邪気に子と遊びたいと思います。〔11の子〕はいろいろ外で忙しい。「ね〜遊ぼうよ」「ちょっと待ってて」。一般的な親子とは逆の会話が成立します。かわいい親です。

11が親で5が子ども「親の前で素顔になれる」

〔5の子〕は心配ごとを〔11の親〕に相談できます。ちょっとしたことでは動じないので安心して相談できるのです。ナイーブな姿を人に見せるのはダサいと感じる〔5の子〕ですが、〔11の親〕の前では素直になれます。

うまくいかないときの対処法

・〔11の人〕は野球部の鬼監督みたいな人で、愛情ゆえの厳しさだと〔5の人〕に知ってほしい。とりあえず1週間〔11の人〕の言う通りにやってみて。想像以上の結果が出るはず。
・ケンカしたときは、単刀直入に「こんなところがイヤだ!　でも仲直りしたい!」と言うのがよい。〔11の人〕は「こんなところがイヤだ」という正直な指摘に安心し、直そうとする。〔5の人〕は「仲直りしたい」で愛情を確認できる。

5 × 22
都合のいいふたり

〔22の人〕はカリスマです。仕事をしていない場合も強い統治力で家庭や一族を守ります。〔22の人〕は〔5の人〕とうまく付き合うと思います。たとえば、「飲み会は盛り上げ上手の〔5の人〕と、温泉旅行はほかの人と行こう」というふうに。魅力的な〔5の人〕は〔22の人〕のオンリーワンではありませんが、重要人物になれます。〔5の人〕は〔22の人〕をおもしろがり、呼ばれたら顔を出すおたがい「都合のいい関係」。ノーストレスです。

仕事仲間としては

〔5の人〕はノリノリで仕事をしたい人ですが、〔22の人〕はもっと冷静沈着で強引です。いっしょに仕事をする場合は、つかず離れずの関係がいちばん効率的です。たとえば〔22の人〕が社長で、プレゼンのときだけは〔5の人〕を連れて行く。でもふだんは廊下ですれ違っても声もかけない。「社長って忙しいんだね〜」と〔5の人〕も気にしない。そんなイメージ。それでノーストレスなふたりです。

恋の相手・結婚相手としては

英雄色を好む。男性でも女性でもこのイメージが当てはまる〔22の人〕です。恋愛上手の〔5の人〕はいつもリードする側ですが、22が相手のときに限り〔22の人〕のペースで交際が進みます。結婚後は〔5の人〕が〔22の人〕の癒しになります。飲んで騒いで、快楽をともにして、仕事のストレスを忘れられるのです。「もうちょっとで〔5の人〕の顔が見られる!」と〔22の人〕が仕事をがんばる姿が目に浮かびます。

親子としては

5が親で22が子ども「うちの子かっこいい!」

〔5の親〕は〔22の子〕の行動にビックリします。想像以上の大きなことを考えているようです。そして、どんなに幼くても、すごい行動力でどんどん突き進んでいくのです。我が子がキラキラして見えます。

22が親で5が子ども「ピンチを救う」

〔22の親〕は子どもに干渉しませんが、サポートが必要な場合は別です。ピンチのときにはすぐに駆け付けて助けてくれるので、〔5の子〕がSOSを出せればいいなと思います。

うまくいかないときの対処法

・〔22の人〕は強引かもしれないが、彼(彼女)が言うならしかたないと多くの人はしたがう。〔5の人〕は「イヤなものはイヤ!」なので、〔22の人〕に反発するかも。
・でも〔22の人〕は、「わかったー! ほかを探すねー」とイヤな顔もせずあっさり。来る者拒まず去る者追わず。だからケンカにはならない。
・〔5の人〕が近寄りたい場合は〔22の人〕の近くに行けばいいだけ。かんたん。

5×33

ヒッピー・コミューン

〔5の人〕と〔33の人〕はとてもよい相性だと思います。〔5の人〕は物事の明るい面、よい面だけを見ていきたい人で刹那的な思考です。〔33の人〕も似た部分を持っています。ふたりとも先を考えない、気分で動く、気持ちが変わりやすいので持続性に乏しいかもしれません。常識や社会的ルールから逸れているふたり。楽園みたいに楽しくて刺激的でふわふわとしたムードが漂います。自由と愛を尊重する性善説的な考えのチームです。

仕事仲間としては

〔5の人〕も〔33の人〕も直感を使う仕事が向いていますが、このコンビは欠けている部分をカバーする「もうひとり」が必要。ダンスチームを運営していて振り付けや音楽のディテールは決まるけど、全体像が見えない感じなのです。たとえば緻密な〔7の人〕とか勤勉な〔4の人〕が入るとバランスよく進行できます。

恋の相手・結婚相手としては

グルメ、お酒、旅行、映画、音楽など、世の中のすばらしいものをふたりで堪能します。快楽至上主義で精神的な豊かさがあるカップル。ただこのふたりにつきまとうのは「浮気」の二文字です。5も33も、惚れられると断るのが苦手。浮気されてショックだけど「自分も断れないし、私の彼ってモテるからしたがないな〜」という感じかも。そもそも付き合っているのかわからない時期もあったりして、曖昧な関係も多いでしょう。

親子としては

5が親で33が子ども「ゆるし合う親子」

〔5の親〕は〔33の子〕といっしょにいるのが大好きです。こたつでテレビを見て、お菓子を食べているような、ゆるくて楽しい光景が浮かびます。おたがいを認め合い、ゆるし合う対等な関係です。

33が親で5が子ども「ダサい自分を見せられる」

人には見せないナイーブな面がある〔5の子〕にとって、〔33の親〕は気の休まる相手。励ましたり、解決しようとはしないけど、だからこそ本音が言える。かっこ悪いところを見せられるのが救いになるはずです。

うまくいかないときの対処法

・〔5の人〕と〔33の人〕は幸せなマッチング。ただし、感覚で生きているふたりなので、ずれが生じると理屈で説明できなくて感情的になってしまうかも。
・もめたら物理的に距離を置き、気持ちが落ち着いたらまた会うのがよい。
・おたがい特定のだれかをオンリーワンにして生きていくよりも、その都度パートナー（仕事も恋愛も）を選ぶタイプ。だれかと新しい関係を築くことを選んでもよい。

サロンでお紅茶でもいかが？

〔6の人〕はひとことで言えば「素敵な人」です。素敵な人同士であればさぞかし美しい友情関係だろうと想像しますが、実際はきっとバチバチの冷戦になっているはずです。だれよりも人に愛されたいと思うゆえに、向上心があってがんばり屋さん。目の前にライバルがいると落ち着きません。容姿も美しく、洋服もセンスのいいエレガントなふたりが、ほほえみの下の感情を抑えながら上品にお茶を飲んでいる光景が目に浮かびます。

仕事仲間としては

美に恵まれているふたり。アパレルのバイヤーや雑貨の商品企画など、センスが問われる仕事をしていそうです。同じ部署だったら「あっちのプランが採用された！」とか「私のほうがお給料が安い！」など気になってしかたがありません。「あなたがいちばん」だと言われたいので、かなりがんばるはずです。努力を積み重ね、結果を出すふたりです。

恋の相手・結婚相手としては

恋愛の相性は最高によい〔6の人〕同士です。センスがあって、美しく、やさしいので、どんな場所でもモテます。おたがいをすぐ意識します。プレゼントを贈りおいしいレストランで食事をし、仲良くなるのに時間はかかりません。相手を独り占めしたいと思うようになり、きずなの強いカップルになります。やきもち焼きもおたがいさま。結婚した場合には絵に描いたようなオシャレな夫婦になります。

親子としては

6同士の親子「美しく華がある」

ふたりが並んでいるだけで、芸能人の親子のようにパッとする華があります。6という数字は「美意識」の数字です。美しいもの、魅力的なものに興味のある親子ですから、人物そのものも洗練された雰囲気でしょう。ひとつだけ心がけてほしいことは、同ジャンルを避けること。母がピアニストで子どももピアノを習っているような場合、愛情と憎しみが混在するような関係になります。6という数字は「嫉妬」の数字でもあるのです。

うまくいかないときの対処法

・うまくいかない理由は、ずばり「嫉妬」かも。どちらも意識が高く、他人と自分を比べるので。人から見るととっても素敵なのに、センスや人気を比べて悩んだり、きつく当たったり。

・仲良くするには、棲み分けが何より大事！　得意分野をはっきりさせて「比べる必要のない部分」を持つこと。相手に嫌われている気がしたら、相手の得意分野に「全然興味がありません！　でもあなたはすごいのね！」と意思表示を。自分はライバルではないことを伝える。

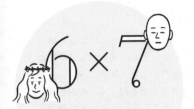

美人の片思い

〔6の人〕はだれかといっしょにいたい人ですが、〔7の人〕は違います。天気の話をするのでさえ面倒だと感じることも。どんな人にも好かれたい〔6の人〕は、〔7の人〕の表情を盗み見します。〔7の人〕は、〔6の人〕がいることに気づいてもいない様子。綺麗に巻いた髪の毛をさわりながらガッカリするわけです。〔7の人〕のほうは、〔6の人〕がいるとその場が和らぐな、と感じてはいます。もともと他人への興味が薄いのです。

仕事仲間としては

職人気質で根を詰める〔7の人〕と、癒し系で気配りができる〔6の人〕のコンビ。職務の面では〔7の人〕に負けず劣らず成果を出す〔6の人〕なので、〔7の人〕も敬意を持っているはずです。〔6の人〕の気配りで、仕事上は助けられるはずです。チャチャッと先に仕事を終わらせてお茶を買ってきてくれるとかね。7がひとことお礼を伝えることができたら、関係がぐっとよくなります。

恋の相手・結婚相手としては

〔6の人〕は愛情優先。〔7の人〕は自分優先。〔6の人〕は〔7の人〕のツンデレ(つれなかったのに、急に食事に誘われる)にハマってしまいます。〔6の人〕がかいがいしく尽くすでしょう。結婚後は〔7の人〕の趣味(たとえば、寺社巡りや映画鑑賞など)に〔6の人〕が付き合うのがよいです。デートに意味を見出せない〔7の人〕も、趣味を共有すると「時間の無駄ではない」と認識します。〔6の人〕はデートだと思って楽しんで。

親子としては

6が親で7が子ども「手出しをがまんする親」

〔6の親〕はあれこれ子の世話を焼きたいのですが〔7の子〕はあまり喜びません。自分でできると言うのです。〔6の親〕はちょっとさみしい思いで自立した子を見つめています。

7が親で6が子ども「子が甘えたい」

〔7の親〕は子を自立させたいと思います。しかし〔6の子〕はいつまでも親のもとでヌクヌクしていたい。〔6の子〕は物足りない思いで親に接することになります。要するに抱っこしてほしい子なんです。

うまくいかないときの対処法

- 〔6の人〕は愛情が足りないと「どうせ私なんか」とひねくれる。〔6の人〕の機嫌を直すには、とにかく「ありがとう」。「自分の言葉が足りなかった。感謝している」「あなたのおかげでいま、会社が楽しい」。最後に「本当にありがとう」。
- 〔7の人〕が〔6の人〕を重くて面倒だと思うこともある。〔7の人〕が怒った場合は放っておけばいい。気がすめば話しかけてくる。

6 × 8
人知れぬ友情

〔6の人〕と〔8の人〕の共通点は、「人に忠誠を誓ってほしい」と誠意を求めるところ。裏切られるのが怖いのです。両者とも実力や素質があり、家柄にも恵まれていることが多いのに、なぜか自信を持てず、他人を責めずに自分を責めがちです。〔8の人〕は、仕事で失敗をしてかなり参っていたとしても、「大丈夫」と強がります。そんなとき、8の落ち込みに気がつき、好物のおにぎりをそっと差し入れるのは〔6の人〕なのです。

仕事仲間としては

6も8も能力と努力する心を兼ね備えています。認め合って仕事できます。しかし何かアクシデントがあった場合は違います。〔8の人〕が上司の場合は〔6の人〕を守ります。しかし〔6の人〕が上司、ないしは同僚の場合は日和見をするかもしれません。6はどうしても強いほうになびいてしまう弱さがあるのです。仲間として関係を続けるには、〔6の人〕の誠意が鍵です。

恋の相手・結婚相手としては

高級志向で上昇志向、おたがいに人からどう見えるかを気にして自分を磨くので、洗練されたカップルになります。「成功＝幸せ」と思える人たちなので、結婚後も、「都市近郊に一戸建て、車と犬」といった、成功のシンボルのような家庭を築くでしょう。ただし、センスがいいのでこれみよがしな派手な金持ち風にはなりません。ジムに行ったりウォーキングしたり生活のなかに努力があり、それが嫌味にならないふたりです。

親子としては

6が親で8が子ども「親を敬う子」

〔6の親〕は愛情がブレません。生まれながらに全幅の信頼を置ける存在を手に入れた〔8の子〕は幸せです。ただし親が期待をかけすぎるのはNG。親を敬う気持ちが強い〔8の子〕は苦しくとも「やめて」と言えません。

8が親で6が子ども「期待にこたえる子」

〔6の子〕は賢く、評価されるための振る舞いを知っています。〔8の親〕は高い目標を設定し、達成すると褒美を与えます。〔6の子〕はご褒美が大好きですし、立派な親にほめられることが誉れです。

うまくいかないときの対処法

・相性のいいふたりだが、疑心暗鬼が不和の理由になることがある。

・8の上司が、6の部下をかわいがっているとする。〔8の人〕がほかの部下を評価したことで、〔6の人〕が不安になり、深い意味なく別の部署の上司と距離を縮める。その様子を見た8の上司が6の行動を注意するようになり、6は不信感を抱き……という負のスパイラル。

・「相手のよいところを言い合う」とよい。自信がない者同士、長所を伝え合うと心が通う。

6 × 9

長めの女子会

〔６の人〕と〔９の人〕は話が尽きません。言いにくい話も気軽にできておたがい開放される感じです。いつも「いい人」でいるのは本当に大変なので、ガス抜きが必要！「ここだけの話」ができるふたり組で、お茶を飲み、ケーキを食べ、お茶をおかわりして、グチったり本音を語ったり、カフェに長居していそうです。ふたりを中心に数名のグループができ、新しいお店に行く、勉強会を開くなどして人気を集めるでしょう。

仕事仲間としては

職場でもグループをつくって勢力を持ちそうです。人を惹きつける能力があるふたりなので、人が集ってきてグループになりやすいのです。表面上は〔９の人〕がトップ、でもチームの方向性はセンス抜群の〔６の人〕が決める感じ。企画でも営業でも総務でも、職種を問わず実績を上げられます。組織のなかにいてこそ輝く人たちです。大きな会社のほうが楽しく働けるでしょう。

恋の相手・結婚相手としては

付き合い出すとすぐに結婚の文字がちらつくほどしっくりくる組み合わせです。外でがんばっているので、同じ価値観同士、おしゃべりしたり出かけたりするのが何よりの癒しです。話題のイルミネーションを見に行くかと思えば、場末の居酒屋に出没して「通」なデートをするふたり。「私たちはちょっと違う」と思える行動をするのが好きなのです。結婚したら相手を独占したくなりますが、相手もそれを望んでいる幸せな夫婦です。

親子としては

6が親で9が子ども「おしゃべりが楽しい」

〔６の親〕は子が帰ってくるのが楽しみです。「今日はどんなことがあったのかな！」「昨日買った服は友だちに好評だったかな？」などとワクワクしながら待っています。〔９の子〕も親に報告するのが楽しみなのです。

9が親で6が子ども「子どもが第一優先」

〔９の親〕は子どもを自分の分身のように感じています。子どもが傷つくと、胸が苦しくてしかたがありません。子どもの要求をいちばんに考えるので、ほかがおろそかになってしまうことも。

うまくいかないときの対処法

- 6×9の不和はこんなパターン。「あれ貸して〜これ貸して〜」と甘える〔６の人〕に対して、〔９の人〕がある日イヤになり、「わかったー」と言ったきり持ってこない（ソフトな無視）。〔６の人〕は不安になる。6はいったん疑い出すと自分で抜け出せなくなってしまう。
- 〔６の人〕の不安を感じたら、〔９の人〕がじっくりと気持ちをほぐす。「かまってほしい！」シグナルを理解してあげること。話を聞き、感謝し、ほめるといい。

6×11

日本舞踊
の師弟

みんなに好かれたい〔6の人〕の人付き合いとは、まったく別軌道にいる〔11の人〕です。11は「人にどう思われるか」について考えない人なのです。あまり接点のないふたりですが、何かを教える（教わる）、助ける（助けられる）という関係においてはうまくいきます。〔6の人〕にとって〔11の人〕は頼もしい師匠で、〔11の人〕にとっては、努力家のデキのいい教え子です。

仕事仲間としては

ポテンシャルが高いコンビ。建築事務所で〔11の人〕が設計、〔6の人〕がインテリア担当。骨太で安心感のある設計に、センス抜群の家具の提案が加わり、契約件数はうなぎのぼり。ふたりして実績を出しまくり、周囲を置き去りにしてしまいそうです。〔11の人〕の猪突猛進さに〔6の人〕は柔軟に合わせられます。また〔11の人〕の絶対的な自信により〔6の人〕の不安も軽くなります。

恋の相手・結婚相手としては

社内で目立つ〔11の人〕を〔6の人〕が好きになります。プレゼントやデートなどであれこれとアプローチしますが、〔11の人〕が落ちるとしたらそこではなく、〔6の人〕のふとさみしそうにしている横顔かも。動じない〔11の人〕といると、〔6の人〕は大きな安心感を得ます。結婚後は、自分と子どもだけを愛してほしいと思う〔6の人〕が少しさみしい思いをします。〔11の人〕はだれにでも親切なのです。

親子としては

6が親で11が子ども「親がさみしい」

〔6の親〕は子どもといっしょに買い物や外食したいなと思っています。〔11の子〕はどんなに幼くても、人のために奔走していて忙しいので親に付き合うひまはありません。親は少々さみしいでしょう。

11が親で6が子ども「もっとかまってほしい子」

〔11の親〕は子をちょっと突き放すようなところがあります。「その先は自分で考えてみて。それくらい自分でできるよね」。〔6の子〕はできるんだけど、愛情表現がほしいのです。スキンシップが必要な子です。

うまくいかないときの対処法

・〔6の人〕のわがまま、ちょっとした意地悪（〔11の人〕に対してではなく他人に対しての意地悪を目撃）。〔11の人〕の横暴さ、キツイ物言いなどに、おたがい嫌気がさす。
・〔11の人〕の言っていることは正しくて筋が通っているので、まずは〔6の人〕が気を静めて平常心に戻ること。それだけで〔11の人〕はしかたないなーと思ってくれる。
・〔11の人〕は〔6の人〕にはあたたかい言葉が必要なのをお忘れなく。

6×22
ちょっと
きつい登山道

〔22の人〕が引っ張っていく関係です。〔6の人〕は何かしっかりした価値のあるものによりそいたいと考えています。それは地位や名誉かもしれませんし、財産や評判かもしれません。〔22の人〕はそのうちのどれかをくれる可能性があります。〔22の人〕は〔6の人〕に高い要求を出すかもしれませんが、その先に見える景色がすばらしいことを想像させてくれる人です。〔6の人〕に夢を見せてくれる人だと言ってもいいかもしれません。

仕事仲間としては

〔22の人〕が見せてくれる地図は大きいものなので〔6の人〕のやる気が引き出されます。〔6の人〕は〔22の人〕を満足させるだけの能力がありますし、精一杯の努力もするでしょう。ただし一生懸命やっても〔22の人〕はほめてくれないかも。すると〔6の人〕の気持ちが下がり成果にも影響します。毎回「ありがとう」と言い合うルールを作るのがおすすめです。

恋の相手・結婚相手としては

たとえば〔22の人〕は世界を股にかけて貿易の仕事をしています。〔6の人〕は会えなくてさみしい気持ちを押しつけたりしません。いつものわがままも引っ込めます。会える日にはおめかしをして〔22の人〕の望みをかなえます。〔22の人〕は〔6の人〕がいる日本っていいなあと思います。そんな関係です。結婚すると、仕事をしているほうが優先されます。〔22の人〕は内助の功としても大きな力を発揮できます。

親子としては

6が親で22が子ども「親が夢を見られる」

〔6の親〕は子どもをとても愛しています。そして〔22の子〕は親の想像を上回る素敵な夢を見せてくれるかもしれません。自分はサポーターに徹し、子どもが成功して賞賛される姿を楽しみにしている親です。

22が親で6が子ども「愛を求める子」

〔22の親〕は子どもを信じているので必要最小限のサポートしかしません。〔6の子〕はちょっとさみしく感じるでしょう。もっと自分に愛情表現をしてほしい、そうすればもっとできるのに、と思うのです。

うまくいかないときの対処法

・〔6の人〕は感謝がほしいのに〔22の人〕はそのことに気づかない。〔22の人〕は力も運もある人だが、「できて当たり前、がんばって当たり前、わかって当たり前」を、まわりの人たちに要求するところがある。

・「うまくいかないなぁ」と思ったらまずは「いつもありがとう」と感謝をすること。「ありがとう」で緊張感が消える。〔6の人〕のほうももちろん「ありがとう」と伝えて。

6×33
スイーツ
バイキング

〔6の人〕は甘いものが好きです。〔33の人〕はなんでも好きです。ふたりでいると太っちゃいそうです。おいしいものだけでなく、明るくて楽しくて人がたくさん集まるところが好きなふたりです。情報通の〔6の人〕が〔33の人〕を誘い流行の最先端スイーツを試しに行ったりします。〔33の人〕は〔6の人〕といっしょに行ける場所なら喜んでついていくでしょうし、たしかにふたりでいればいつも盛り上がるのです。

仕事仲間としては

自由にやってね、というより、何かの枠組みのなかで能力を発揮するタイプのふたり。季節商品の売上を2倍にしてほしいとか、カレー屋で子ども向けのメニューを作ってほしいとか、具体的な縛りがあると目覚ましい活躍が見られます。常識をくつがえす〔33の人〕ならではの斬新な意見を、〔6の人〕が取り入れてまとめる感じです。〔6の人〕ならば、前例がない企画も上手にプレゼンできるでしょう。

恋の相手・結婚相手としては

〔6の人〕が〔33の人〕の本心をはかりかねてしまいます。自分だけを愛しているのだろうか？　ほかにもだれかいるのか？〔33の人〕はそんなことには気づかずにラブラブしているだけです。〔6の人〕は自分がいないとき〔33の人〕がどんなことをしているのか知りたいと思います。そして〔33の人〕のためにもっと何かしてあげたいと思います。おいしいものを食べてほしい、美しい景色を見てほしい。喜ばせたいのです。

親子としては

6が親で33が子ども「親はハラハラ」

〔6の親〕は〔33の子〕が心配なのですが、子はいたって自由です。冬なのにコートを着ないで出て行ったり会社を気軽に休んでしまったり。親はハラハラしますが、案外大丈夫なものなんですね。

33が親で6が子ども「こたつでみかん」

〔33の親〕は〔6の子〕を甘やかします。〔6の子〕はかわいい！　それだけですべてゆるせます。〔6の子〕は学校でもしっかりしています。たまにメソメソしたときには、こたつでみかんでのんびりすればOK。

うまくいかないときの対処法

・〔6の人〕がイライラしていたとしても〔33の人〕は性格上なすすべはなし。〔6の人〕が落ち着くのを待つだけ。〔6の人〕が何を言っても「そのとおりだね〜」と言うだけ。いつのまにか〔6の人〕も落ち着いてくる。つまりこのふたりは時間をかければよい。
・〔33の人〕の気持ちがわからず不安になっても、〔33の人〕は変わらないので、おたがいがなんとなく受け入れ、あきらめるという形になる。

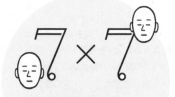

7×7

修道院で読書

〔7の人〕同士は、言葉を交わさずとも近くにいるだけでホッとするような組み合わせです。ほかの数字にはわかってもらえない感覚を共感しています。さみしいような、あきらめのような、不思議な感覚。同じ場所にいても、隣に座って別々の本を読んでいるような距離感でいっしょにいられます。必要以上に相手のプライバシーに立ち入ることもありません。読み終わった本の感想をそれぞれ話す、穏やかな関係になります。

仕事仲間としては

困ったことがあったらもうひとりの〔7の人〕に助けを求めるでしょう。〔7の人〕ならばかならず結果を出してくれるという信頼感があります。いっしょに同じ仕事をするメリットはありません。たとえば営業の仕事で販路を拡大するなら西日本と東日本で担当を分けるとか、商品開発ならば違う材料で試してみるとか、独自の路線を進みつつ近くにいるのがベストです。

恋の相手・結婚相手としては

7×7は、かなり多くお会いしてきた組み合わせです。「これ以上は踏み込まないほうがよい」という線をわかっているためトラブルが少なく、過剰に愛情もほしがりません。無駄な出費が嫌いな点も同じで、プレゼントもデートも身の丈に合っていて安心します。〔7の人〕は家族でもシェアハウスに住んでいるように個のプライバシーをほしがります。結婚後は、「ここはいっしょ、ここは別」と気持ちよく生活をセパレートできます。

親子としては

7同士の親子「言葉のいらない関係」

幸せな関係です。〔7の人〕同士だけでわかり合える感覚があります。「この子は黙ってご飯を食べているけれども何か苦しんでいるようだ」とか。「今日は何かうれしいことがあったみたいね」とか。自立した親子ですが、たまに疲れたり、弱気になったりすることがあったら、どんどん甘えてください。〔7の子〕も人間なので、落ち込むことは当然あるはずです。遠慮なく踏み込んでも大丈夫。逆に踏み込まず見守るだけでもOKです。

うまくいかないときの対処法

・〔7の人〕同士でうまくいかないときは、何か具体的なトラブルがあるはず。彼女や彼氏を取り合う、仕事上の利害が合致しないなど。自分のやりたいことを阻止されると冷戦状態に。
・トラブル自体を解決すればよいのだが、すでに何かが起こってしまったあとは難しいかも。あっさり決別、別の人生を歩むというパターンも多い。関係を続けたいのなら迅速に動く。早く手を打たないと修復できないくらいの大きな溝になる。

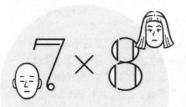

7 × 8

暗黙の了解

〔7の人〕と〔8の人〕は大切にしているものが違います。〔7の人〕は自分の「するべきこと」を優先したい。〔8の人〕は「自分のプライドを守ること」が大事。「わかっていますよね」「はいわかっています」と、一定の距離を保っておたがいをていねいに扱う感じです。挑発したり競い合ったりはしません。どっちが上かを争わない相手は〔8の人〕には特に重要です。もしかしたら自分の本心をさらけ出せる唯一の人になるかもしれません。

仕事仲間としては

〔8の人〕が代議士、〔7の人〕は秘書。〔8の人〕の躍進の裏には〔7の人〕あり、と言われるような関係です。総理の椅子を狙う〔8の人〕には〔7の人〕の冷静さと賢さが必要です。政権という目的は同じでも、8は権力がほしく、7は自分を満足させるために仕事をするので、ライバル関係になりません。〔8の人〕は気がラクでしょう。

恋の相手・結婚相手としては

〔8の人〕は不安かもしれません。〔7の人〕はどんなに好きな相手であっても、疲れていたら「もう帰って」と言う人です。〔8の人〕が結婚を考えて親に紹介したいと言っても、〔7の人〕は「結婚する気はあるけど、あと2年先だから（勝手に決めている）」と腰を上げません。だからこそ燃える恋もあります。結婚したら〔8の人〕が安心するでしょう。独占できないのは結婚後も同じですが。

親子としては

7が親で8が子ども「安心感がほしい子」

〔8の子〕は繊細な子です。〔7の親〕はいつも冷静な態度です。愛していますが声に出してほめることもないので、〔8の子〕は安心感がほしいと感じます。子どもがピンチのときは、全力でサポートしてくれる親です。

8が親で7が子ども「価値観が違う」

〔8の親〕は我が子を信じています。〔7の子〕は無駄口をたたかず冷静で優秀です。ただし「有名大学」「一流企業」といった親の価値観とは別のところで生きています。親の期待をスルーして我が道を進むでしょう。

うまくいかないときの対処法

・〔7の人〕は面倒になると口から出まかせを言う。たとえば〔8の人〕が「○○だよねー」と同意を求めてきたときに、意見の違いを説明するのが面倒で、「そうだねー」と適当に返事。
・〔8の人〕は敏感だから、「本音で答えてない」と気づく。そのようなことがたびたびあると〔8の人〕は〔7の人〕を信頼できなくなる。
・8は7が面倒くさそうなときにはあきらめて引くこと。7は適当な発言を控えること。

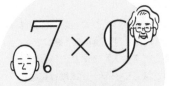

7 × 9

舞台監督と遅刻する俳優

〔9の人〕が他人のことばかり話題にするとき、〔7の人〕は時間の浪費だと思います。しかし、一対一で付き合うと、〔9の人〕のやさしさをありがたく感じます。体調を気づかってくれたり、足りないものを用意してくれたり、〔7の人〕のわがままな考えも否定しないで受け入れてくれるのです。周囲にいるすべての人を気づかう9は舞台監督、マイペースな7は俳優という感じです。味のあるいい演技をする7に一目置いているのです。

仕事仲間としては

裁判所や大学の研究室など、重みのある職場で働いていそうなふたりです。勝手なやり方を通す個性派検事の〔7の人〕を先輩検事の〔9の人〕が助けてくれそう。孤立しないよう、〔9の人〕が周囲を「まあまあ」となだめているイメージです。とはいえ、〔7の人〕が〔9の人〕のアドバイスを素直に聞くわけではありません。自分で合理的な判断をします。

恋の相手・結婚相手としては

〔9の人〕は〔7の人〕の世話をあれこれ焼きたがりますが〔7の人〕はそれを束縛ととらえるかも。7×9は距離感が重要です。近すぎると〔7の人〕がいやがり、遠すぎると〔9の人〕がさみしい。9は頭のいい人なので、「やめておくか」とあっさり引くことも。結婚すると目的・目標を同じくするでしょう。それは子どもの教育かもしれませんし、趣味や仕事かもしれません。同じ方向を見て生きるというのが重要な夫婦です。

親子としては

7が親で9が子ども「親の気持ちを知る子」

〔9の子〕は〔7の親〕のことがわかります。いま親は私をかわいいと思っている。いまさみしく思っている。〔7の親〕はあまり愛情表現するタイプではないので、〔9の子〕が自分を理解してくれるのは助かるはず。

9が親で7が子ども「心配しないで！」

〔9の親〕は子が好きすぎて心配ばかりしています。〔7の子〕はドライなので親の心配をいやがります。持ち物やスケジュールを何度も親が確認するのをうっとうしく感じます。

うまくいかないときの対処法

・基本的に〔7の人〕は自分のことで精一杯、〔9の人〕は人のことで頭がいっぱいなのでかみ合わない。
・仲たがいしたときは、ふたりが何を目標にしているのか確認し、方法と結果だけにフォーカスして話し合うこと。気持ちを問題にしない。特に〔9の人〕は〔7の人〕は外国人だと思って、持ち前の調整力でうまくおさめて。

7×11

ピンとくる ふたり

〔7の人〕はゾロ目（11、22、33）の人と親和性があります。特に〔11の人〕とは、目と目で通じ合う感じです。個人主義の代名詞のような〔7の人〕ですが、〔11の人〕といっしょにいるときは、すごいパワーで人助けに邁進することもあります。〔7の人〕の熱さが表に出るのは珍しいことです。〔11の人〕のことを好きなので力になりたいのです。〔11の人〕は〔7の人〕の心の奥底にあるさみしさや諦念を黙って理解します。

仕事仲間としては

目の前の人が喜んでいる姿が見える仕事がいいでしょう。モノづくり、サービス業などですね。もともとよく話す〔11の人〕のそばにいると、寡黙なはずの〔7の人〕まで元気が出て活気がある職場になります。仕事でも「ピンとくるふたり」。〔11の人〕がお店を出すときみんなが反対したのに、〔7の人〕だけが黙って賛成したエピソードをお聞きしたことがあります。

恋の相手・結婚相手としては

〔7の人〕の前で〔11の人〕は安心しています。人助けに忙しい〔11の人〕には珍しいことですが、〔7の人〕には自分の弱い姿を見せ、羽を休ませることができます。〔7の人〕も〔11の人〕といっしょにいるとテンションが上がります。「いつもの自分」が逆転した同士の組み合わせ。結婚後もいい関係は続きます。家族のなかでも孤立気味になる〔7の人〕を〔11の人〕が引っ張り出し、子どもとの楽しい時間を作ってくれます。

親子としては

7が親で11が子ども「大切な仲間」

〔7の親〕は〔11の子〕がいてくれるとホッとします。〔11の子〕はやさしい言葉をかけてくれるわけではありませんが、そばにいると〔7の親〕は深呼吸ができるような安心感があります。年の差のある仲間です。

11が親で7が子ども「大切な仲間」

〔11の親〕はけっこう厳しい親ですが、〔7の子〕に対しては一歩下がって様子を見守ります。〔7の子〕は子であっても自分と同じ使命を持つ仲間のような気がします。黙っていてもわかってくれると知っているのです。

うまくいかないときの対処法

・うまくいかないときは、〔11の人〕が焦っている。〔7の人〕は〔11の人〕と心を合わせて行動したいのだが、11が焦るあまり7を置いてきぼりに。たとえばパワースポットに行く約束を反故にしてひとりで行ってしまったとか。〔11の人〕は忙しいと単独行動をとる。

・通じ合っているので大丈夫だろうと楽観視すると、〔7の人〕はますます孤独。特別な人だと気づいて。〔7の人〕も「さみしい」と言葉に出して伝えることが大事。

7 × 22

合理性
1号2号

〔7の人〕は理性的な人。感情に流されない合理的な判断ができます。が!〔22の人〕はレベルが違います。クールな〔7の人〕でさえも〔22の人〕の合理性には目を見張ります。結果に着目し、合わない人はどんどん配置換え。夢を語り、人とお金を動かすダイナミックなやり方に、圧倒されてしまうかも。理屈で物事を進めるところは似ていますからパートナーとしては適任です。〔22の人〕をサポートするよき参謀になるでしょう。

仕事仲間としては

7「あの案件どうします?」 22「もう動かしてるよ!」 7「業者は結局どちらに?」22「Aだよ!」 7「Bさんのほうが安心では?」 22「見積もりくるの遅かったから!大丈夫だから!」……この会話で伝わるでしょうか。〔7の人〕は有能な補佐役です。ときどき強引だと感じますが、確実に結果を出す〔22の人〕には抗えません。

恋の相手・結婚相手としては

〔22の人〕は自分に合わせてくれる相手を選びます。仕事第一で恋愛にあまり執着がなく、「好き」という気持ちより「自分のために生きてくれるか」を優先しがちなのです。〔7の人〕は自立しているので付き合いやすいでしょう。〔7の人〕は22の描く大きな地図に惹かれ、「こんな夢を見られるなら」と、多少の強引さはゆるします。

親子としては

7が親で22が子ども「親が遠くで見ている」

〔7の親〕は〔22の子〕をちょっと遠くから見ています。〔22の子〕はしっかり生きているので、親が近くにいなくてもいいという判断です。〔22の子〕はたまにおいしいものや楽しい話を持って帰ってきます。

22が親で7が子ども「子が勝手に大きくなる」

〔22の親〕は〔7の子〕のポテンシャルを見抜いているので心配しません。愛はあるのですが、「しっかりした子ども」として尊敬しています。口出し無用だと思っているのです。

うまくいかないときの対処法

・同じ目的を持っているうちは協力者として大きな力に生み出せる。〔7の人〕が〔22の人〕の「志」に共感できるかどうかにかかっている。〔22の人〕が勝手で強引に見えたとしても、多くの人に還元するために動いているので、〔7の人〕は納得するしかない。
・〔22の人〕は去る者追わず、来る者拒まず。人付き合いの基準は「目的のために適材適所」。〔7の人〕が離れたら、別の人がそのポジションを埋めるだけだったりする。

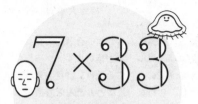

7×33

森の中で
現実逃避

人から理解されないところが似ています。ふたりとも別に理解されなくていいと思っています。散歩に出かけてそれぞれに季節の移り変わりを楽しんだり、公園でシャボン玉をしたり。いっしょにいても特に話すわけでもなく、別のことをしているでしょう。〔33の人〕よりも〔7の人〕のほうが社会性があります。森の中に住む〔33の人〕を訪ねてぼーっとすごし、元気になって自分の日常へ戻る〔7の人〕です。

仕事仲間としては

決めたことを自分のやり方で極めたい〔7の人〕と、その場その場で対応するのが得意な〔33の人〕。33は人によって能力や志向がかなり違うので断定的には言えませんが、フレキシブルで柔軟な考え方の人が多く、〔7の人〕のこだわりに合わせることはかんたんです。個性的な商品を集めたセレクトショップでいっしょに働いていそう。〔33の人〕がバイヤー、〔7の人〕が社長です。

恋の相手・結婚相手としては

世界でいちばん小さな駅を見に行ったり、不思議な科学実験をしてみたり、独特の感性を共有するカップル。ふたりにしかわからない言葉を使っているようなしっくり感があります。たまに〔33の人〕が行方不明になるかも。それも刺激的だと〔7の人〕は思います。結婚後は、「家族」や「夫婦」という単位ではなく、気が合う人たちがともに暮らす雰囲気。風通しのいいコミュニティになりそうです。

親子としては

7が親で33が子ども「ミッションを授ける」

〔33の人〕は、人生の早い時期にミッションを持つと言われています。そのミッションの源は〔7の親〕かも。親との関わりのなかでうれしかったこと、悲しかったことが、長い時間をかけて育ち花を咲かせるのです。

33が親で7が子ども「親が自由でいられる」

〔33の親〕は〔7の子〕を信頼しています。しっかりしていてすばらしい子だ。ですから子育てはほどほどに、自分の人生を活き活きと生きます。なんなら困ったら助けてもらおうと思っています。

うまくいかないときの対処法

・人に多くを要求しない〔7の人〕だが、時間とお金の使い方には厳しい。待たされると自分の時間を無駄にしたと感じる。必要外の出費もイヤ。〔33の人〕は悪気なく遅刻するし金銭感覚もわりとゆるい。遊びならまだしも仕事だと〔7の人〕は怒りを覚える。

・人格を否定するのではなくルールを整備するのがよい。ルールとして示されると〔33の人〕も守ることができる。

8×8

冷戦中の隣国

〔8の人〕はプライドが高くだれかに負けることをゆるせません。「勝っていない自分」を肯定できないのです。そんな孤独なふたりが出会った場合は、心からわかり合え、深いきずなが生まれる……ことはあまりないようです。そもそも自分の本心を外には表さない〔8の人〕ですから、目の前の人が同じ志と痛みを持っているとは気づきません。おたがいに気にし合っていて、水面下で緊張感のある関係になりそうです。

仕事仲間としては

とても慎重に物事を考えるので、失敗が少ないコンビ。一つひとつ積み上げていく仕事をします。大きな銀行とか国家公務員とか、硬質で歴史がある職場での仕事が向いています。「協力する関係」であれば心強い存在ですが、「競争をする立場」になるとなかなか心を開けません。〔8の人〕はフェアで、人を尊重するので職場は秩序が保たれます。

恋の相手・結婚相手としては

幼なじみだったり、趣味の場で出会っていれば急速に恋に落ちるかもしれません。しかし、職場など自分の能力が試される場で出会うと本心が出せないふたりです。付き合えばとにかくのんびり、ホッとできる関係に。水族館や公園で映画や本や家族の話をしているでしょう。結婚した場合はおたがいを自慢に思うような夫婦になります。「うちの妻（夫）は日本一だ」（でも口には出しません）。他人にけなされたら大騒ぎです！

親子としては

8同士の親子「期待のかけすぎに注意」

〔8の親〕は子に立派になってほしいと思っています。成績が優秀であってほしい、スポーツでメンバーに選ばれてほしいなど、期待をかけます。その期待がどう作用するかわかりませんが、親は親、子どもは子どもなので、親の言うことが100％正しいと思わなくてよいでしょう。心理的な距離を保つことが、8×8の親子のコツです。愛し合っているのはたしかなのですから。

うまくいかないときの対処法

・そもそも〔8の人〕はあらゆることを勝ち負けで考えるところがあり、おたがいが「勝った！負けた！」と感じているわけなので、不和が生まれることもある。
・おたがいを時差式の鏡だと思ってほしい。自分がつらいときは相手が喜びの笑顔、自分がうれしいときには相手の眉間にしわが寄っている。
・「負けられない焦燥感」はふたりにしかわからない。腹を割って話せたら、味方になれるはず。

8×9 楽しい役員会議

〔8の人〕も〔9の人〕も穏やかな人が多く、似ているのかな?と思いがちですが中身は全然違います。〔8の人〕は自分にとても厳しい人ですが〔9の人〕は自分をゆるしたい人。そのふたりがいっしょにいて何をするか。会議をしているのです。部下や後輩のことを「あの子はここを直すと伸びる」「新しく入った人は先日こんなにがんばった」と話題にします。会話を通して、〔8の人〕の志の高さに〔9の人〕が引っ張られる面があるようです。

仕事仲間としては

まじめなふたり。大きな商社などでバリバリ電話をかけて大きな商談をまとめていそうです。8×9は話上手、まとめ上手なのです。〔8の人〕は上昇志向の人なのでフロアでのいちばん上を目指すでしょう。〔9の人〕も同じ目標を持っていますがもう少し気持ちの余裕があります。アフター5に緊密な情報交換をして助け合いそうです。

恋の相手・結婚相手としては

8×9はよくお見受けするカップルです。理想としている方向(社会的ステイタスなど)が同じなので相性がよいのです。同じ大学のゼミなどで「慎ましいけどしっかりした人だなぁ」と認めることから恋が始まります。将来住む場所や子どもの教育方針などコンセンサスを得やすいでしょう。ただ結婚後の仕事の分担ははっきりさせておくべきです。〔8の人〕はやってもらいたい人なので〔9の人〕が大変そうです。

親子としては

8が親で9が子ども「聞き上手の子」

〔9の子〕は親を大切にしますし、〔8の親〕のよき話し相手でいるはずです。〔8の親〕が困ったとき、物理的にも心理的にも〔8の親〕の味方になってあげられます。〔9の子〕は頼りになる存在なのです。

9が親で8が子ども「教育を授ける」

持って生まれた価値観が近い親子です。〔9の親〕は〔8の子〕に礼儀正しく振る舞うことを教えます。〔8の子〕が誇りを持って生きていく上で恥ずかしくない社会常識を授けるのです。

うまくいかないときの対処法

・〔9の人〕は目の前の人を正したい。よかれと思って意見したり、問題点をあげたり。その指摘が、〔8の人〕が自分でも気にしていて直せなかったことだと本当に傷つく。「会議のときもう少し大きな声で話してみたら」なんてアドバイスでも傷ついてしまうほど8は繊細。
・〔8の人〕から距離を置かれたら、「私はあなたが好きです」と伝えて。明らかな謝罪より相手を立てて好意を伝えることから信頼を回復していこう。

8 × 11

捨て身への
あこがれ

〔11の人〕のいつも変わらぬ誠実な態度に、〔8の人〕は「信頼できる人だ」と思います。〔11の人〕は〔8の人〕の後輩を守る態度を認めています。〔8の人〕は人のために動きますが、いちばん大切なのは自分なので、〔11の人〕の自分を守らない捨て身な姿にあこがれます。〔11の人〕は〔8の人〕の孤独感に気がついていますが、尊重し口出しを控えます。被災地の炊き出しでカレーをよそっているふたりが思い浮かびます。

仕事仲間としては

目立つのは〔11の人〕です。スタンドプレーが多いし発言もはっきり明確です。〔8の人〕はもっと慎重で「さっきの案を再検討してみたけど、このやり方のほうが支障がないよ」と〔11の人〕に持ちかける冷静さがあります。職場ではギブアンドテイクの関係を作っていけます。このふたりだったら行政の大改革など勇気と労力のいる仕事をやってくれそうです。

恋の相手・結婚相手としては

〔8の人〕はいつも何かに傷ついていて、それをだれにも話したくない人です。〔11の人〕がその痛みを察したとき「ラグビーを観に行こう！」と言います。8は勝負事が大好きだから「大きな声で応援して楽しかった！」と元気になれます。最後まで落ち込みの理由は聞かない11は、8にとって数少ない「甘えてもいい人」になるでしょう。結婚後〔11の人〕が家庭の方向性を決めます。夫婦で社会貢献をしていきたいのです。

親子としては

8が親で11が子ども「実は子が上」

〔8の親〕がプライドを大切にすることや、目の前の小さな出来事を気にしすぎる様子を、〔11の子〕が冷めた目で眺めています。〔8の親〕はそれに気づかずいつまでも「上の立場」からものを言ってくるでしょう。

11が親で8が子ども「気持ちがわかる親」

〔11の親〕は家庭のなかでも核になる存在感があり、〔8の子〕の疑問や悩みもよく理解してくれます。悩みを口に出さなくても「わかっている親」なので、子どもは安心して暮らせます。

うまくいかないときの対処法

・〔8の人〕が〔11の人〕を敬遠することがある。「たしかに〔11の人〕が言っていることは正しいのだけど、あの強引な感じが苦手」と。〔11の人〕のほうは敬遠されても〔8の人〕を気にかけ、声をかける。

・〔8の人〕は〔11の人〕の志の本質を見るべき。〔11の人〕は〔8の人〕の繊細さにフォーカスすべき。〔11の人〕は謝られれば水に流すが、〔8の人〕は謝れない性格なので難しい。

株式上場

〔8の人〕は上を目指したい人です。努力家で自分を追いつめる方法を選びます。〔22の人〕も上を目指すのですが、目標の規模が大きいため協力者が必要です。〔22の人〕は〔8の人〕の部下を大切にするところを買って白羽の矢を立てるかも。〔8の人〕ならば〔22の人〕の志を汲んで動けます。ふたりの努力で会社は上場し、ビジネスのチャンスは拡大します。仕事ではなくても「何かを成し遂げ成功する」組み合わせです。

仕事仲間としては

〔22の人〕には勢いと説得力、〔8の人〕には慎重さと洞察力があります。たとえばふたりで無農薬のお米屋さんを始めたとします。いつのまにか従業員1000人を抱え、世界に支社がある規模に成長しそうです。成功を還元する仕組みをつくるので、成果が出るだけではなく、かならずだれかのためになっています。社員にも米の生産者にも健康志向のお客さまにも愛される企業になるでしょう。

恋の相手・結婚相手としては

仕事仲間同士で恋愛をしている姿が浮かびます。仕事と恋の区別がつかないような自然な流れで付き合い、結婚します。いっしょに朝起きて事務所に行って充実した仕事を終えて夕食を食べて夜を迎えて。どこまでも共に生きるでしょう。傷つきやすい〔8の人〕は、パートナーの〔22の人〕の動じない姿を間近に見ることで安心します。忙しい〔22の人〕に合わせる必要はありますが、同じ時間を共有して高みを目指す夫婦です。

親子としては

8が親で22が子ども「親を顧みない」

〔8の親〕は〔22の子〕に注目しその成果を誇らしく思っています。しかし〔22の子〕は親のことをあまり考えないかもしれません。いつも「自分が率いる人」のことを考え、目標に向かっている人なのです。

22が親で8が子ども「忙しくても子を守る」

おたがい別々の目標があります。〔22の親〕はとても忙しくしていますが、もし繊細な〔8の子〕が傷ついたときには、何があっても見捨てずにしっかり子を守ります。経済的、物理的な支援も惜しまないでしょう。

うまくいかないときの対処法

・親切な人ですが強さゆえに人の好意を軽んじてしまう〔22の人〕。もらったプレゼントを忘れて帰ったり、あいさつがなかったり。傷つきやすい〔8の人〕は誠意を疑うが、22に気づいてほしい、直してほしいと期待するのは無駄かも。

・〔22の人〕は〔8の人〕にとにかく「ありがとう」と言うべき。個人的には〔8の人〕があきらめたほうがいいと思う。22は外国人だと思って。

8×33

市民オーケストラ

〔8の人〕は高い理想を持ち、自分に努力を課しています。〔33の人〕は柳のようでつかみどころがありません。共通点のないふたりがいっしょにいるとしたら趣味の場でしょう。たとえば市民オーケストラのチェロ（8）とフルート（33）。〔8の人〕は中学生のときから同じ楽器をやっていてとても上手。〔33の人〕のほうは「音楽好き～」と初心者なのに気軽に参加しています。演奏が終わったら「また来週!」とお茶もせず解散します。

仕事仲間としては

仕事に関して〔33の人〕はかなりタイプの幅があるので一概には言えませんが、決断・実行するのは苦手です。強い意志を持つ〔8の人〕がやるべきことを決めてくれたら「デキる人」になれます。〔8の人〕は優柔不断な〔33の人〕のスケジュールを管理すればよいのです。たとえば旅行会社のツアー企画。〔8の人〕が予算と日数を決めたら、〔33の人〕があっと驚くような名所とおもしろいガイドさんを見つけてきそう。

恋の相手・結婚相手としては

〔8の人〕が〔33の人〕をかわいそうに思います。流行りの服や素敵な宝石を持っていないからです。プレゼントを贈ったところ、〔33の人〕は別にほしくなかった!と気づきます。〔33の人〕がほしいのはただの抱擁だったりします。〔8の人〕は驚いて恋に落ちます。「こんなに素朴な人がいるなんて!」。〔33の人〕は〔8の人〕の言うことを聞きません。それでもゆるせるのは〔33の人〕の自由さがうらやましいからかもしれません。

親子としては

8が親で33が子ども「理解できない」

〔8の親〕は「人からどう思われるか」が大事な価値観。〔33の子〕は気にしないので親は子を理解できないかもしれません。理解できなくても、〔8の親〕は我が子が大好き。慈しみの気持ちを持ち合う親子関係です。

33が親で8が子ども「ハラハラする子ども」

〔33の親〕は世間のしがらみや一般常識を軽んじるところがあります。〔8の子〕にとっては常識や品格ある態度が最重要。〔8の子〕が〔33の親〕の空気を読まない行動にハラハラする場面があります。

うまくいかないときの対処法

・〔33の人〕はいじめられていることにも気がつかない「痛点がない人」。だれに何を言われても気にしないので、気軽な発言で地雷を踏む。「髪がくるくるだね」とか。ストレートヘアが素敵だと思っている〔8の人〕にはショックなひとこと。

・〔33の人〕は「みんな違ってみんないい」と思っている。そこに優劣はない。くるくるの髪の毛がダメだと思っていたら言わない。だから〔8の人〕は一方的に嫌いにならないでほしい。

9 × 9
常識人の慰労会

〔9の人〕は頭のなかがフル回転で疲れていることが多いようです。世の中には非常識な人が多すぎて、秩序のある社会を目指す〔9の人〕は気になることだらけ。〔9の人〕同士で本音で語り合えることが、何よりの労いになります。片方のグチに「PTAなんて来年は他人だから放っとけば」と答え、そう答えたほうも別の部署の後輩の文句を言って「関係ない後輩は気にしなきゃいいよ」と返される。話すことで癒されるふたりです。

仕事仲間としては

会社で〔9の人〕を中心にグループができます。世話好きで親切な〔9の人〕ですからおのずと人が寄ってくるのですね。事前の根回し、周囲との調整役など、柔軟な動きを要求される仕事は適任。情報通でもあるふたり。健康飲料の女性向け商品開発や、女性の働き方改革など、みんなの意見を取り入れ、作り上げていくような仕事で力を発揮するでしょう。

恋の相手・結婚相手としては

〔9の人〕はよく人を見ています。決して目立つわけではなく、穏やかに人と接する親切な〔9の人〕のよさに気づくのは、同じ数字だから。この人と話をしてみたい、話が合うはず！とすぐに思います。付き合いだすとすごくしっくりきます。結婚した場合は、地域ボランティアや学校PTAなどをまじめに担う夫婦になります。頼まれると断れないふたりなので、ストレスをためないよう健康管理を大切に。

親子としては

9同士の親子「あ、うんの呼吸」

「あ、うん」の呼吸で、ふたりだけにしかわからない気持ちを共有できる親子です。9同士の親子はご褒美みたいなものです。そばにいてくれるだけで同じ痛みや同じつらさを共感できます。ほかの数字の人はふたりの気苦労が理解できません。ただし、親子関係というのは期間限定です。いつかは〔9の親〕を見送る日がきます。〔9の子〕は親以外の共感者を見つけておくことが必要です。

うまくいかないときの対処法

・「正しさ」×「正しさ」の争い。たとえば遺産トラブル。「世話もしてないのに金だけ持っていくのか！」（長男の妻）、「長男の嫁が看るのが当然」（実娘）。双方が正しさを主張します。
・人のことだと冷静に仲裁できるが、当事者になると感情がうまく処理できない。面と向かって怒ることは避けたいので逃げるような態度になる。どちらも自分の言い分が正しいと思っているため、弁護士など有無を言わさぬ権力がジャッジしないと解決しないことが多い。

9×11
町内会の餅つき

人のために活動するふたりですが役割が違います。〔11の人〕は具体的な行動で目の前の人を救う。〔9の人〕は調整、根回し、助言。町内会の餅つきで、町長の挨拶から一本締めまで式次第を考えるのは9の仕事。11はがんがん餅をつき、子どもたちにも手伝わせます。〔9の人〕は餅をまるめながら楽しくおしゃべり。仕切り上手の〔9の人〕ですが、会社の危機や災害などシビアな場面では〔11の人〕がイニシアティブを取ります。

仕事仲間としては

〔9の人〕も〔11の人〕もがんばります。仕事が生きがいの人も多いでしょう。NPO法人で〔9の人〕が事務局でデスクワークと各部署との連絡を取りまとめ、〔11の人〕が現地に飛ぶといった分担イメージ。〔11の人〕のほうが捨て身なのでオーバーワーク気味です。〔9の人〕は〔11の人〕が抱えすぎた仕事の調整をしてくれそう。「上司に直訴！」といった場面では、はっきりと物を言える〔11の人〕が〔9の人〕を助けます。

恋の相手・結婚相手としては

手話の講習会や地域ボランティアなど、社会的意義のある場で出会いそうです。すばらしい人だ〜とおたがいを尊敬し合います。尊敬が恋に変わる感じです。ふだんは〔9の人〕のほうが〔11の人〕に甘え、〔11の人〕が切羽詰まったときには全力で〔9の人〕が支えます。結婚後は〔9の人〕が家庭の主導権を握り、家族を守ります。〔11の人〕は結婚するとさらに外に目が向く人なので、よりいっそうの社会貢献に励むでしょう。

親子としては

9が親で11が子ども「社会貢献する親子」

親子ともにボランティアや役員活動など社会的な働きをします。おたがいよく気がついてしまうので、小さなことでケンカになることもあります。〔9の親〕は我が子の志が高いことを知っています。

11が親で9が子ども「厳しくもあたたかい親」

〔9の子〕は他人のために調整役を買って出るので気苦労が多く、弱音を吐きたくなります。〔11の親〕は厳しさを持っていますが、〔9の子〕が考えすぎて動けないとき、新しい価値観で背中を押してくれるでしょう。

うまくいかないときの対処法

・〔9の人〕は人を正したいと考えるので、気苦労が絶えずグチが増える。〔11の人〕はグチを言うくらいならやらない、と潔いので〔9の人〕の悩みによりそえない。責めることもある。
・〔9の人〕は泣いてしまっていい。〔11の人〕はびっくりして謝るし自分の過小評価を反省する。「9は11ほど強くないからどうしても口に出ちゃうんだよ。でもがんばってるんだよ」とあいだに立ってくれる第三者がいてくれたらスムーズに仲直りできる。

9×22 ジェット機に話しかける

9×22は、まるで質が違います。ジェット機と人間くらい違います。〔22の人〕は自分の目的に向かってすごいエネルギーで飛んでいます。話しかけても返事がないのは当然。自分の話を聞いてほしい〔9の人〕とは距離が縮まりません。ただし、どんどん結果を出していく〔22の人〕は〔9の人〕も無視できず、飛行機に乗ってみたいなーと思わなくもない。〔9の人〕の調整力を〔22の人〕が「使える!」と思ったら仲間になるかもしれません。

仕事仲間としては

〔9の人〕は〔22の人〕に振り回されるかもしれません。経営再建の責任者に任命された〔22の人〕が大鉈（なた）を振るおうとしているが、〔9の人〕は古参への影響を考えて徐々に改革しようと言っている。そんな様子が浮かびます。〔22の人〕は決断のスピードが速く、また直感的です。〔9の人〕はもっと時間をかけて考えたいと思いますが、〔22の人〕の判断は間違いが少ないので〔9の人〕も最終的には納得するはずです。

恋の相手・結婚相手としては

有能でよく気がつく〔9の人〕に〔22の人〕が目をつけます。夢を熱く語って〔9の人〕を夢心地にさせそう。〔22の人〕は好きな人よりも仕事を優先するわがままさん。でもパートナーはほしい。そこで潤滑油の呼び声が高い〔9の人〕が選ばれるわけです。このカップルの存続は、〔9の人〕の包容力にかかっています。〔9の人〕が22独特のスピード感をゆるしてくれたら大丈夫。結婚したらきっと〔9の人〕がなんとかしれくれます。

親子としては

9が親で22が子ども「アスリートと応援団」

〔9の親〕は〔22の子〕のよきサポーターです。話をよく聞きほめます。〔22の子〕はいつもポジティブでやりたいことをどんどん実現していきます。子どものがんばりをしっかり見つめ、応援する親です。

22が親で9が子ども「冷静な大人同士」

〔22の親〕はスーパー合理主義ですが、〔9の子〕は回り道しても人の気持ちを考え調整するタイプ。〔9の子〕がしっかりしているので大人同士の冷静な関係になります。〔22の親〕は子のピンチのときは飛んできます。

うまくいかないときの対処法

・〔22の人〕が〔9の人〕の思いやりを汲まないことがある。一晩かけてやっとまとめた書類を〔22の人〕が何も言わずに差し替えてしまうとか。ふだんは親切な人だがスイッチが入ってしまうと人が変わる。〔9の人〕は22の活躍が目覚ましいときにはかなりがまんしていっしょにいるかもしれないが、イヤになったら離れる。

・〔22の人〕に「ありがとう」と言われたら一度離れた〔9の人〕も戻ってくるかも。

9×33

こたつに みかん

ほのぼのしています。こたつでみかんを食べながらおしゃべりをしているような関係です。決断が苦手なふたり。〔9の人〕相手だと、いつもは人にゆだねる〔33の人〕が決める役割になるかも。常識人の〔9の人〕は、〔33の人〕の自由奔放さを受け入れようと努力します。あまりにも突拍子もない言動には「それはまずいでしょ」といさめるでしょう。〔33の人〕はありがたく助言を聞き、〔9の人〕がいてくれてよかったなと思います。

仕事仲間としては

デザイン事務所で机を並べるふたり。〔33の人〕は仕事が早く、すぐ終わらせて「打ち合わせ行ってきま〜す！」と出て行く。〔9の人〕はじっくり時間をかけて精度の高い作品をつくる。9が残業していると33がプリンを買って帰社。ふたりで食べながら〔9の人〕は仕事をし、〔33の人〕は好きな芸能人の話をしながら椅子をくるくる回している。ふたりともクライアントの評価は高い（それぞれ別のクライアント）。

恋の相手・結婚相手としては

急に思い出して会いたくなるふたりです。しばらく会ってないけどどうしているかな、連絡してみようかな。連絡を取り合ううちに付き合い出すような感じです。情熱というより、おたがいの居心地のよさがクセになります。〔9の人〕は恋愛と結婚を区別する人です。結婚相手には礼儀正しさと社会性を求めますが、〔33の人〕と結婚するということは、かなり懐の深い人かも。自由奔放さを手の内におさめてパートナーを慈しむでしょう。

親子としては

9が親で33が子ども「口出しする親」

〔33の子〕に対して〔9の親〕があれやこれや口を出して就職の斡旋をしようとしたり、お見合いをすすめてみたりするかもしれませんが、〔33の子〕は全然聞いていません。まったく別の価値観で生きているのです。

33が親で9が子ども「教育しない親」

気苦労の多い〔9の子〕とのんきな〔33の親〕の組み合わせ。〔33の親〕は〔9の子〕がしっかりしているので教育には無頓着かもしれません。どんな楽しいことを子どもといっしょにしようかと考えています。

うまくいかないときの対処法

・〔9の人〕は〔33の人〕についてふだんから多少がまんしている。常識人と自由人なので。がまんが限界に達すると爆発する。「だいたいあなたはね……」とたまっていた感情を激しく吐露するので〔33の人〕はびっくり。「時間を守らない」「お礼を言わない」「お金にルーズ」などこまかく言われて、〔33の人〕は怖くて逃げたくなる。

・〔33の人〕が謝ればすんなり解決。謝っても〔33の人〕の性格が変わることはないが。

11×11

晴れた冬の日

日常生活のなかで何かしら人のためになる行動をしている同志です（「人のため」という自覚はなく、おたがい「面倒くさいことやってる!」と思いながら）。いっしょに行動することは稀かもしれません。それぞれに力があるので、協力者としてもうひとりの〔11の人〕は必要ないのです。散らばって各々の使命を果たすでしょう。飲み会で会うと他愛もないことで大笑い。明るく、濁りがない空気が流れます。まるで、冬の晴れた日みたいに。

仕事仲間としては

〔11の人〕がふたりいる職場は方向性がはっきりしています。自分がやるべきことをわかっていて、まっすぐに進むでしょう。たとえば弁護士として「なんとかあの人を救えないものか」と、ふたりで徹夜で判例を調べていたり、会社のコンプライアンス部門で奮闘していたり。困難に立ち向かっていく仲間です。愛ある指導で多くの後輩を育てます。自分の抱えている悩みを打ち明け合ったりはしません。メリハリがある人たちなので。

恋の相手・結婚相手としては

「あ！ 見つけた！」と、ピンときます。同じ職場や教室などで、その人となりがわかったときハッとします。一生懸命に何かに打ち込む姿、勇気を持って意見する姿勢に感動し、付き合い出すとどんどん好きになります。結婚するとふたりで目標を持つかもしれません。家を買う、海外旅行に行くなどという自分のための目標ではありません。基金を設立したり、自宅を開放して子ども食堂を開いたり。忙しい夫婦です。

親子としては

11同士の親子「使命を継承する」

「言わなくてもわかる」の典型。認め合っているふたりです。言葉が過ぎるところがあるのでたまに意見の衝突がありますが、根底にある信頼は揺らぎません。使命を持つゾロ目の人が親子で生まれてきたことに意味がある

と思います。親の活動を子どもが引き継いで、親子2代という長い期間をかけて成し遂げていく。または親がピンチのときに子どもが援護射撃をする。幸せな親子の縁を持っています。

うまくいかないときの対処法

・〔11の人〕は心根がまっすぐで誠実な人。それなのに誤解を受けることも。「急いで具体的に救う」スタイルがスタンドプレーになり、孤立することもある。11同士はわかり合える。
・11×11がうまくいかないときは、自分以外の何かを守っているとき。各々の部下や患者や生徒などを優先したいとなるとおたがい譲れない。
・話せばわかり合えるふたり。感情的にならずに計画とプロセスを検討すると、即解決。

11×22

ふたりの
スーパーマン

〔11の人〕も〔22の人〕も分野の違うスーパーマンのようなものです。〔11の人〕は倒れている人を抱き起こす!〔22の人〕はお金に困っている人に仕事を与える!という違い。どちらも自分のお務めのためにがんばっているので、手伝うことはあっても邪魔はしません。グループや組織ではリーダーがふたりいるようになりますが、棲み分けしてもめることはないでしょう。口出し無用の信頼感があり、エールを送り合う関係です。

仕事仲間としては

とにかく勢いよく仕事をします。〔22の人〕の決めた目標に向けて〔11の人〕が具体的なサポートをしそうです。〔22の人〕の留守を守ることもできます。1、2年ではできない、大きな仕事——たとえば地球環境に配慮した酪農事業など——をダイナミックに推し進めます。ずっと先の未来を見ているので、もしかしたらふたりの死後、多くの人の命を救うことになるかもしれません。

恋の相手・結婚相手としては

「いつもラブラブ♡」というカップルではありません。恋より大事なことが多いのです。デートも仕事に関係する施設や資料館の見学だったりします。〔22の人〕のほうがより仕事や使命にのめり込むので、生活面では〔11の人〕が支えることになります。とはいえ〔22の人〕が家庭を支え、内助の功として会社を大きくした例もあります。分担していてもふたりはチームで、食卓ではいつも仕事の話をしている感じです。

親子としては

11が親で22が子ども「同じ目標を持つ」

〔11の親〕は〔22の子〕を応援します。自分が応援しなくてだれがする!くらいの意気込みです。体を使って手伝うこともあるでしょう。〔11の親〕がピンチのときは、情に流されない〔22の子〕が家に戻り助けます。

22が親で11が子ども「同じ目標を持つ」

力と勢いのある親子。〔22の親〕は怖くて勝手でやさしい親です。〔11の子〕だったら〔22の親〕の行動を好意的に受け止められると思います。だって人助けをしているから。切り口は違えど同じ目標のふたりです。

うまくいかないときの対処法

・突然のリストラや配置換えなど、成果優先で動く〔22の人〕のやり方に〔11の人〕が怒る。
・怒った〔11の人〕を〔22の人〕は「まあまあ落ち着いて」となだめるが、言うことを聞く気はない。
・11×22は情と合理性の闘いになる。〔11の人〕が合理的な説得(たとえば、リストラされた人がどれだけ使える人員か)ができたらよい。そうでなければ決裂かも。

11×33

似てない
きょうだい

挑戦的でスピード感のある〔11の人〕とふわっとして流されている〔33の人〕は正反対に見えます。しかし、人を助けるという同じお務めを持っています。ほかの数字の人は「就職したら? 結婚しないの?」と〔33の人〕に言いますが、〔11の人〕はそんなことは言いません。「元気?心配してたよ」。その言葉を聞いて〔11の人〕がいてくれてよかったな〜と思います。まるで違うのに、血のつながりを感じさせる「似てないきょうだい」です。

仕事仲間としては

ふたりとも自分のためにではなく人のために働きたい人ですから、社会貢献的な意義のある仕事をしていそうです。親といっしょに暮らせない子どもの親がわりになるとか。〔11の人〕はおおらかに子どもとかけっこをし、〔33の人〕はぎゅっと子どもを抱きしめる。各々の持ち味を生かしている姿が浮かびます。厳しくもやさしい〔11の人〕のやり方を〔33の人〕は支持し、持ち前のゆるさでフォローするでしょう。

恋の相手・結婚相手としては

なんとなくいっしょにいることが多くて、気がついたらいっしょに住んでいた。そんな感じで〔11の人〕と〔33の人〕の恋愛は自然です。家柄や学歴などの条件を相手に望まないふたり。「この人は誠実か?」「人を思いやれるのか?」「いっしょにいて楽しいか?」だけが重要です。結婚した場合には〔11の人〕が家庭をガチッとまとめます。しかし、家庭に費やす時間はあまりないでしょう。それは〔33の人〕も同じなのです。

親子としては

11が親で33が子ども「いつも味方」

〔11の親〕は〔33の子〕にあまり多くを望みません。「急いで結婚や自立をしなくてもいいよ。自分のタイミングで生きていきなさい。信じているよ」。口には出しませんが〔33の子〕の味方です。

33が親で11が子ども「もっと怠けろという親」

〔33の親〕は〔11の子〕に力を抜きなさいと教えます。「人生は長いし、ちょっとラクな道を選んでもいいんじゃないの?」と思っています。子どもといっしょにいる時間がほしいのです。

うまくいかないときの対処法

・〔33の人〕は〔11の人〕からすると優柔不断でだらしなく見えることがある。ふだんは気にならないが〔33の人〕のせいで全体の士気が下がったりするのはイヤ。
・11が怒っているときには33はまじめな態度で反省を示すべき。〔11の人〕のほうから歩み寄ってくれる。〔33の人〕が怒っているときには放置しておいて大丈夫。自分でよーく味わってからふつうになる。同じ志の仲間なので袂を分かつことは少ない。

22×22

歴史を
変える出会い

穏やかで地味な感じの〔22の人〕であっても「揺るぎない自信」があり、長い年月をかけて大きなことを成し遂げます。もしふたりが出会い、いっしょにいるとしたら、歴史的な意味がありそうです。時代を変えるような使命を受けてふたりが揃ったのかもしれません。歴史が変わる気がします。自己主張が強い人同士なので仲良くなれるかどうかわかりませんが、相手の実力には敬意を払っているでしょう。

仕事仲間としては

〔22の人〕は仕事のために生まれてきたような人です。まずは仕事、生活は二の次。自分に自信があり、その上に向上心を失わない一生懸命な人なので周囲から尊敬され、大切にされます。尽くされるのが当たり前になり傲慢な振る舞いをすることも。〔22の人〕同士の場合も相手に不遜な態度をとるかもしれませんが、器が大きい人なので問題になりません。力の差がないので嫉妬もありませんが、適度な距離は必要です。

恋の相手・結婚相手としては

ふたりが付き合ったら、自分の得意分野ではない趣味を持ちそう。極寒の湖の上でテントを張ってワカサギ釣りとか。そこから新しいアイデアが湧いてきて、最終的には仕事に還元されるでしょう。デートよりも仕事を優先する、優先されても文句を言わないカップルです。「この人はいま、命がけで取り組んでいる！ 私がサポートしなければ！」と、支えるほうも命がけです。もちろんすぐに結婚を意識するでしょう。

親子としては

22同士の親子「大きな目標を持つ」

運の強さ、能力の高さ、懐の深さを持っている〔22の人〕。弱点は弱者の視点を持ちにくい、心情よりも合理性が優先されるといったところです。しかし、〔22の人〕は利他の人です。成果を自分だけで独り占めはしません。

この精神は親子でも共通しています。この親子が、何か共通の目標を持ったら百人力でしょう。もしおたがいの目標が違っていてもきっと大丈夫です。助け合って、各々の目標を成し遂げると思います。

うまくいかないときの対処法

・〔22の人〕は「もののわかった人」なので、他人の意見は必要なし。22同士が関わったとき、自分と違うやり方を提案するかもしれない。おそらく言われたほうは断る。断られたほうは怒るかもしれないが、暇な人ではないので、すぐに別のやるべきことに頭を切り替える。
・うまくいかないときは、無理していっしょにいないで、別々の成功を目指し、成功した暁にはふたりで美酒を飲めばいい。

22×33

近くて遠い星

近しい間柄ならば、〔22の人〕が〔33の人〕を心配していろいろな提案をするかもしれません。仕事の斡旋や結婚のアドバイスなど。しかし〔33の人〕は「ありがとう」と言っておきながら何も行動に移しません。〔22の人〕が示す目的や大きな課題を〔33の人〕はよくわかりません。しかし〔33の人〕は〔22の人〕が好きです。近くでニコニコしています。決して交わらない道の向こうで手を振り合うふたりです。

仕事仲間としては

〔22の人〕には仕事人間が多く見られます。生活の大部分を仕事が占めています。一方〔33の人〕は早く仕事をやっつけてコンサートに行くことで頭がいっぱい。一生懸命なときとそうでないときの差がある〔33の人〕なのです。でも〔22の人〕は責めたりはしません。自分が求めるノルマだけこなせばあとはフリー。33には「一生懸命さ」「まじめさ」など求めない、合理的で懐の深い人です。

恋の相手・結婚相手としては

〔22の人〕がバリバリ仕事をしている背中に〔33の人〕が抱きつく姿が浮かびます。33が自由を求めて旅に出たいと言ったら、22は金銭的な援助をしそうです。恋人が遠く離れた場所にいても、さみしさを感じないふたりです。結婚したら〔33の人〕が家庭をふんわりまとめます。ドアが開けっぱなしで子どもが走り回っているような家庭です。

親子としては

22が親で33が子ども「心配をスルー」

〔22の親〕は〔33の子〕を心配します。「お金あるの?」「仕事は順調?」「まだ結婚しないの?」。〔33の子〕にとってはどうでもいいことに思えスルーしますが、親は子が心配でしかたがないのです。

33が親で22が子ども「遠くへ行く子」

〔22の子〕は自分でなんでもできるので〔33の親〕に何も望みません。相談もなく遠くまで出かけたり、知らないうちに学校で児童会長になっていたりします。〔33の親〕は驚きますがおもしろい子だなあと思います。

うまくいかないときの対処法

・〔33の人〕は共感したい人だが、〔22の人〕は目的に向かって一心に進んでいるので、共感力にとぼしい。〔33の人〕の自由さに整合性がなさすぎて〔22の人〕は心配になる。

・もともと別軌道にいるふたり。うまくいかないときは、自然と別の道を選ぶので争いにならない。〔33の人〕が怒っていたらおいしいものを食べさせる。〔22の人〕が冷たかったら黙って手伝ってみるとよい。

33×33

ディズニーの「小さな世界」

〔33の人〕同士は惹かれ合いますがベタベタする付き合いにはなりません。特定のグループに入ったとしても、精神的に群れないからです。つらいときにはふと思い出します。きっと〔33の人〕なら気持ちをそのままに受け止めてくれるから。境界線がなく、すべての「分類」はふたりを前にすると無意味です。世界は丸くて、どの国出身であろうと同じ人間で、どの星出身でも（宇宙人でも）友だちになれるという世界観です。

仕事仲間としては

受け身で流されるように人生を進む〔33の人〕。仕事も「何かをするハメになっている」ことが多いでしょう。共通するのは「おもしろいならやりたいかな〜」という価値基準。「刺激を受ける」という変化がないと続かないので、〔33の人〕同士がいっしょに仕事をしているとしたら、年の差があったり出自や言語がまったく違ったりするはずです。新しい愛、新しい空気、新しい文化に出会い続けることが重要なのです。

恋の相手・結婚相手としては

ほかの人とは味わえないようなデート（僻地への貧乏旅行、実験的な映画を観るなど）をします。「これはダメ、苦手！」があまりないのが特徴。結婚するとふたりともパートナー以外のほうを向きます。配偶者や子どもに愛情を注ぎつつ、外の人にも愛情を与えたくなります。それはボランティア活動や仕事に邁進することかもしれません。結婚という形態がしっくりこなくなることも多いようですが、別れることになっても気にしません。

親子としては

33同士の親子「共通のミッション」

〔33の親〕も〔33の子〕も家族という単位にあまりこだわりはありません。出入り自由な家でのびのびと暮らすことでしょう。このふたりが親子として出会っているということは、何か特別なミッションが与えられているような感じがします。ミッションはすぐにはわからないことでしょう。自分たちの人生を何度も振り返りながら、大切に生きていってください。きっとどこかでふと納得できる瞬間がくると思います。

うまくいかないときの対処法

・〔33の人〕同士がうまくいかないときは愛情がらみ。かつては恋人だったのにいまはほかの人が好き、上司がかわいがってくれていたのに全然声がかからなくなったとか。
・ひたすらさみしさを感じる〔33の人〕だが、相手を悪く言ったり、攻撃したりはしないことが多い。
・〔33の人〕同士は独占できないのだから、しっくりこなくなったら、次行こう、次！

第 5 章

橙花からの手紙

人間関係に悩んだときに

letters from
toka

1
の人へ

　1のあなたはすごくかわいい人です。

　無邪気で無防備。これまでの人生を、どうやって生きてきたのか不思議に思うような純真さを持っています。

　喜んで泣いたり、うれしくて泣いたり、悲しくて泣いたり。

　あなたの無垢な魂が表にあらわれる現場に遭遇できる人は、多くいません。

　それなのに、あなたが大声で怒っているときには、かならずだれかがいます。そして「強くて怖い人だ」と思われてしまうのです。

　かつて私が数秘を学び始めたのは、何を隠そう1のお客さんの叱責が怖かったからでした。あの叱責が愛情からのものだったと気づいたときの、ホッとした気持ちと感謝は忘れられません。

　相手を怖がらせているなんてびっくりですよね。そんなつもりじゃないのにね。

　急いでいるとき怒っているときこそ「一呼吸」してみてください。ゆっくり息を吸って吐く。

　相手はハラハラドキドキしています。「待つよ、話を聞くよ」という気持ちでいてください。あなたの誠意がわかってもらえたらうれしいです。

2

の人へ

　あなたはコミュニケーションの達人です。

　人の気持ちに共感し、だれかのために動き助ける、特別な能力を持っています。

　しかし、その能力のために、あなたは日々、身を削っているような感覚ではありませんか?

　ホッとできるのが自分の車のなかや布団のなかだけだったりしていませんか? そんな〔2の人〕のことを想像すると、ちょっと涙が出そうになります。

　あなたには安全な場所が必要です。

　嫌いな人に合わせる必要は、まったくありません。

　苦手な人からは逃げてもいいのです。

　というか、逃げてほしいと思います。

　好きな人や好きなものだけに囲まれて、自分だけの楽園をつくりましょう。

　肩の力を抜いてホッとひと息つける人や場所を見つけて、のんびり生きていってほしいと思います。

　体のためにもね。

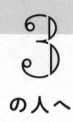

３

の人へ

　前著『自分を知る本』を出版してから、〔3の人〕がたくさん
会いに来てくださるようになりました。みなさん同じようにこう
おっしゃいます。

「『本には自由気ままで愛されるラッキーな人生』と書いてある
けど、自由じゃないし得もしていない」と。

〔3の人〕は、人間関係において、「大人の振る舞いができなく
て萎縮する」「大人気ないと言われる」「気をつかえないので他人
に誤解される」といった悩みを抱えます。

　でも、人に気をつかって、大人の振る舞いをすることが、そん
なにいいことでしょうか。悩む気持ちはわかりますが、結局ゆる
されていると思えませんか？

　まず、「愛されて、ゆるされている」存在だと、自信を持って
ください。自分をゆるしていないのは、実は自分自身で、ほかの
人は、いろいろムッとしていたとしても（笑）結局、あなたがか
わいくて、ゆるしているはずです。

　ありのままに、自由に生きて、大丈夫なのです。

　どこまでゆるされるか、存分にやってみませんか？

　そしてもう一度、私に会いに来てください。

4

の人へ

〔4の人〕はわりと小さなことでくよくよしますよね。

だれだってへこむことはあるし、さみしいときもある。

もちろんあなたにだって泣きそうになる瞬間があるはずです。

でも人に知られたくなくて、かたくなになって他人との接触を拒否したり、無視したりする。

それをまわりは「強い」と誤解します。

「怖い」と思われることもあるでしょう。

心のなかでは、

「脅かされたくない」

「これ以上踏み込んで、傷つけてほしくない」

と思っているのに。

私は泣いて、弱音を吐いている〔4の人〕に会いたい。

あなたが肩の荷をおろすには、自分が弱い人間だと自覚することしかありません。

少数の人に弱音を吐くことができて、人前で泣いても大丈夫だと思えるようになれば、人間関係の悩みは、いつのまにか消えているでしょう。

の人へ

ONとOFF。人はいつもスイッチを入れたり切ったりしながら生活をしています。いまはがんばらなくていいや、今日は一生懸命やるぞ！というように。

でも、〔5の人〕の人間関係スイッチはいつもONです。

目の前にいる人を楽しませたい、喜ばせたいという気持ちで、いっしょにいる人を元気にしたり活性化させたりします。

あなたはいつもテレビに映っている芸能人のよう。

……疲れますよね？

〔5の人〕はまわりの人が思っているよりもずーっと繊細です。

みんな、あなたの華やかな姿しか見えません（それはあなたの望みでもありますが）。

ですから人間関係で傷ついたとき、自分がかっこ悪く思えてしまうようなとき、そのままのあなたを抱擁してくれるような人がいてくれたらいいなぁと思います。かっこいいあなたではなくかっこ悪いあなたを愛してくれる人です。

そのためには、かっこ悪いところもちょいちょい見せて周囲にアピールしてくださいね。本物の愛ってそこから始まると思うので。

の人へ

〔6の人〕っていつも喉が渇いているような感じです。

もっともっとがんばらなきゃダメだ。

もっともっと評価されなきゃダメだ。

でもまわりの人には、「いいなぁ〜素敵だなぁ〜」「よくできる人だなぁ〜」と思われてしまうので、つらさは伝わりません。

ところで、幸せな人ってどういう人だと思います?

お金持ち?　美人?　すごい才能?

そういう「特別」を持っていないと、幸せではない?

実は幸せな人って「幸せだな〜」と思っている人のことなんです。そういう意味では〔6の人〕は幸せになるのが難しい人かもしれません。

あなたは、人のうらやむ何かを、持っている人です。

あなたがまわりを見回して、人よりも優れている自分、人よりも人気者の自分に気づければ。自分が幸せだと思えれば、かんたんに幸せになれます。

難しいようで、案外易しいことです。いつだってあなたは素敵ですもの。

7

の人へ

　基本的には人付き合いが面倒なあなた。

「おひとりさま」が大好きですね。

　でも、時に想像することがあるでしょう。

「このおいしい食事を、だれかといっしょに食べたらどんなに楽しいだろう」と。

　そこにはいつもぼんやりとさみしさがあります。

　でも、実際にだれかといっしょにいても、それが愛する人だとしても、どこかさみしい。

　いつでもちょっとさみしい。

　それはだれにもわかってもらえない、あなた独特の感覚です。

　あなたは人からは愛されても、自分が愛することやその表現が上手ではないんですね。

〔7の人〕はクールで、いつもちょっとさみしくて、みんなといっしょにいてもひとりがいいなぁと思ってしまう。

　私はそれでいいと思っています。あなたらしくてすごくいい。

　だって〔7の人〕にはわかっていますものね。

「所詮、人間なんて、ひとりで生まれてひとりで死んでいく儚く
さみしい存在だ」ということが。

の人へ

　あなたにはいつもライバルがいます。

　それもいまの自分よりちょっと強いライバルです。

　それは実在するだれかかもしれませんし、理想の自分像かもしれません。

　ライバルを意識するから、あなたは努力するし孤独にもなります。自分が負けていることなんかだれにも言いたくないしね。

　でもね。ほかの数字の人たちのほとんどは、あなたのように高い志を持っていません。もっとラクして儲けたいな〜とか、宝くじ当たったら仕事やめたいな〜なんて考えているんですよ。

　失敗したって平気で、自分の弱さをさらけ出して生きています。

　知ってました？

　だからあなたも、もっと気楽に人と付き合ったらいいのです。

　心のなかで、

「私ほどがんばっている人ってそうそういないんだ」

って思いながら。

　失敗したときも「これでやっと人並み」って自分を認めて。

　あなたはもともと立派な人なのですから。

の人へ

　あなたは人間が好きですよね。

　どんなときでも、あなたが心を砕いているのは人間関係についてです。みんなが幸せになってくれるような社会にしたいと思っています。

　でも、よかれと思ってしたことが、まわりの人に理解されない経験をたくさんしてきたはずです。みんなのためにがんばっているのにね。

　実は……みんなはあなたほどほかの人のことを考えてないのです。だからあなたの苦労を想像できないんですよね。

　あなた自身をラクにするために、あなたの劇場の登場人物を減らしてみてほしい。できれば半分くらいに。

「あの人は私と関係ない」って境界線を引いてみてほしいのです。

　せっかくの他人への思いやりが、あなた自身を苦しめていると知ってほしい。

　それを知ると、賢いあなたのことですから、自分で自分を救うことができるはずです。

「他人を無視すること」が、あなたには必要なんです。

11

の人へ

〔11の人〕からよく言われるのは「人助けなんかしてません」というセリフです。

でも、友だちをわざわざ送って行ったり、電車で席を譲ったり、ケンカをやめさせたり。やっぱり毎日人助けをしている。「自分がやってあげてる」っていう意識がそもそもないんでしょうね。〔11の人〕は人間が好きです。

素敵な人や魅力的な人が好きというより、ダメな人ほど気にかかるというか助けたくなるというか。

あなたはどんな人でも平等に愛せる人です。

自分に都合がいいとか、いっしょにいると得をするとか、そんなこと考えもしません。だからこそ時にひどいことを言われたり、されたりします。それでもだれかを愛そうとします。

昔、すごく昔に多くの人々を助けただれかに似ていませんか？その人はひとりじゃなくて砂漠のほうにも、インドのほうにもいたような気がします。

私の言葉はあなたの助けにはならないかもしれませんが、あなたの言葉は多くの人の助けになっていることを、どうか忘れないでくださいね。

の人へ

〔22の人〕が、気がついていないことがふたつあります。

ひとつは、自分が強い、ということです。あなたは大きな使命を受けて生まれているようで、大仕事を成し遂げるために強い精神力と能力と運を持っています。

もうひとつは……まわりのみんなは、あなたを自分勝手だと思っていることです（笑）。あなたの「仕事」は非常に大きな規模で、たとえるならピラミッドを建てるようなことなので、決してひとりではできません。みんなあなたの魅力に惹かれて喜んであなたに力を貸してくれていますが、それでもあなたの独断と強引な進め方に「勝手だ」と思うこともあるのでしょう。

あなたに必要なのは、まわりへの感謝です。「ありがとう」と伝えてください。思いやりのあるあなたですが、仕事に夢中になりすぎて他人の善意をスルーしてしまうのです。

〔22の人〕は自分の仕事をやり終えると急に人間になるみたいですよ。仕事が終わったらふつうの人間として生きるみたい。

ちょっとホッとしました。

最後は自分と向き合って生きていくんだな。人間なんだなと思いました。きっとあなたにもいつかそんな日がきますね。

33
の人へ

〔33の人〕は共感したい人です。

それもうれしい気持ちや楽しい気持ちを共感していたい。

意見が合わないとき、気持ちによりそえないとき、期待していたのに共感してもらえなかったときには、自分でもビックリするくらい落ち込みます。落ち込むというより心が痛くなるのです。

柳のようにゆらゆらしている〔33の人〕は、精神的に強いとみんなに思われているけど、実際は傷つきやすいからこそ、「決められない、流されてしまう」。

ある意味、人一倍弱い人なんですよね。

ルールやお金や常識からは自由なのに、「だれかの傷つき」があなたの弱点なのです。

今日から、いまから、

「自分は共感してもらえないことがつらい。人が傷つくのがつらい。そんな人生を生きているんだ」

と思ってみたらどうでしょう?

それを自覚するだけで、自分の行動や周囲との関係が、少しだけしっくりくるようになるはずです。

おわりに

最後までお読みくださり、ありがとうございました！

前著『自分を知る本』から続けて読んでくださった方、この本ではじめて数秘に出会われた方、それぞれいらっしゃると思います。

橙花の数秘術、いかがでしたでしょうか。

あまり占いっぽくなかったのではないかなーと思います。

長年鑑定を続けてきて、数秘は占いでありながら「生活の道具」という要素が強いと感じています。ここ最近、特にその思いを強めています。

「信じるか、信じないか」という選択を迫られることがあまりないのです。

それよりも、「この仕事にチャレンジしてみようかな」と行動を変えるきっかけになることや、「あるある！」で盛り上がって娯楽になることが多い。

今回の本は特に「数秘を道具のように使ってほしい」という願いから、軽く読める内容を目指しました。トランプやウノみたいに、みんなが集まる場所でワイワイ楽しんでもらうイメージです。

本自体も軽いものにしようと、軽量の紙を使っていただいています。

　道具は気楽に使えるのが何よりですよね。

　とはいえ、執筆は決して気楽なものではなく（笑）、怒涛の78通り！の相性を書くのはかなり大変でした。特にモニターの少ない22については苦労しましたし、ほかの数字も「例外」を思い浮かべては、悩んでしまうことがありました。

　数字の組み合わせや鑑定で会った人の最大公約数で考えると、「性格的に合わない」と書かざるをえない組み合わせでも、幸せなご夫婦や仲よしのきょうだいにお会いしたこともあります。
「例外はあるし、まだまだ私の知らないこともたくさんあるよな……」と気弱な感じで迷いながら書いた78通りです。
　言い切ってしまうことでガッカリする人がいないといいなぁと思っています。（違っていたら教えてほしいです！）

　数秘は、人の性格を決めつけたり苦手意識を植えつけたりするものではありません。道具として、だれかと仲よくなるためのヒントにしてくださいね。

　鑑定でお会いする方とは深いお話をすることになります。家族や親友にも言えなかったことをお話しくださいます。真剣にふたりでお話ししていると見えてくるのですが、みなさんの知りたいこと、怖いこと、つらいこと、変えたいこと、自分がダメだと思うことのほとんどは、人間関係から発生する事柄でした。

ひとりじゃないもんね、みんなで生きてるんだよね。

それはとても幸せなことだけど、時に苦しいことでもあります。

つらいのにいっしょにいなければならない、大嫌いだけど同僚だからしかたがない。だれにでもそういう人がいます。

人間関係でしんどいとき、冒頭でお伝えした、

「合わない人は合わない。しょうがないと受け入れることから、あたたかい人間関係が始まる」

という言葉を思い出してほしいなと思います。

自分も相手も変わることはできないし、だれかが悪いわけじゃない。

合わないからしょうがないんです。

「しょうがないなー」とつぶやいてみると、肩の力が抜けてラクになれると思います。これほんとに！あきらめや逃げが薬になることもありますからね。

また、「悩み」というのは、ひとつの要素だけでは悩みにならないようです。

いくつかの要素が集合体になってはじめて、「悩み」になります。

たとえば、「お金がない」という悩みをお持ちの方に話を聞いて、悩みの根元を掘ってみると、

① 自分に自信がなくて転職できない。
② もう年だから無理なんじゃないかと、年齢ブロックをかけている。

③ 相談する相手がいない。

④ 養ってくれる人がいない。

⑤ 貯金ができない性格だ。

⑥ 買い物が唯一のストレス解消。収入はあるのにそれ以上に使ってしまう。

　などいくつかの要素が集まって、やっと「お金がない」という悩みになっていきます。

　要素を整理してみると、自分の性質と自分を取り巻く人間関係が影響しています。そういう意味で、自分を知り、相性を知るという本書の流れは、悩みの根元に何があるのかを俯瞰する手掛かりになるのではないでしょうか。

　この本を作るきっかけに、知人のお嬢さんの存在があります。

　前著『自分を知る本』の内容をよく頭に入れてくださり、クラス替えのときや高校に進学したとき、はじめて会う人の数字をチャカチャカと計算しているのだそうです。

　数字を知ると相手に対する恐怖心や苦手意識がなくなると言ってくれました。「数秘を知っていれば新学期が怖くない」とのこと。

　『相性を知る本』は人間関係に特化して書いてありますから、もっとシンプルに目の前の人に対処できるかもしれません。「あの人と仲良くなりたいな、でもなんだか近寄りづらいな」と思ったときにこそ、数秘を思い出してほしいなと思います。この本がよき相棒になってくれるでしょう。

今回もまた編集の飛田淳子さんが多くの時間と労力を費やしてくださいました。本当にありがとうございました。

　素晴らしいデザインをしてくださったアルビレオの草苅睦子さんと小川徳子さん、各数字の芯をとらえたイラストを描いてくださった小幡彩貴さん、全国を営業してくださっているすみれ書房の樋口裕二社長に心からお礼を申し上げます。

　また、取材に応じてくださった田中奈巳さんと宮田香織さんにも感謝を申し上げます。

　そしていつもの通り、黙って見守ってくれた家族に感謝を。

　いつも鑑定のときにお伝えする言葉があります。

「気持ちはいらない。まずは態度から！」

　感謝の気持ちがなかったとしても「ありがとう」って言ってみる。

　笑えなくても、口角を上げて笑顔をつくってみる。

　そんなことでいくつもの状況、特に人間関係が変わっていったのを知っています。だまされたと思ってやってみて。損はしません！

　この本がみなさんの笑顔を引き出してくれたら本当にうれしいです。あなたのご多幸を心からお祈りしています。

2020年2月吉日　橙花

橙花
TŌKA

カバラ数秘術研究家・タロット占術家、カバラ数秘術講師。店舗デザインの仕事で悩みを抱えていたときに、カバラ数秘術と出会う。書物による研究で基本を習得した後、実践を重ね、オリジナルの「橙花式カバラ数秘術」を培う。これまで鑑定経験は5000名以上にのぼり、本書はそのたくさんの生の声から得た知見をまとめたもの。定期的に数秘術の講座を開くほか、近年は少人数制スクールにて後進の育成に努める。空手初段。篠笛奏者。著書に『増補版 自分を知る本』『誕生日で切り替わる 9年間の数秘占い』(すみれ書房)がある。

https://lankalanka.jp/

［増補版］

自 分 を 知 る 本

定価：本体1600円＋税

ひとりの人間の
「生まれてから死ぬまで」を
３つの数字で読み解く。

ロングセラー『自分を知る本』を、さらに進化させた増補版。
本質、大切なこと、仕事、恋愛と結婚、子ども時代、この世で果たす
べき使命がわかる本。「数秘を道具のように使って、日々をラクに楽
しく」という著者の真髄が表現された充実の内容。「長年の悩みの理
由がわかった」「友だち同士でワイワイ読めて楽しかった」「子育ての方
向性が見えてきた」など感想多数。
イラストレーション：牛久保雅美　装丁：アルビレオ

本書の紙

本文 ————— アドニスラフ70
カバー ————— サガンGA プラチナホワイト
帯 ————————— アラベール ホワイト
表紙 ————— GAクラフトボードFS シルバーウォール
見返し ————— 色上質 黄 厚口

相性を
知る本
橙花の数秘占い

2020年 3 月10日　第 1 版第 1 刷発行
2023年10月29日　第 1 版第 6 刷発行

著者
橙花

発行者
樋口裕二

発行所
すみれ書房株式会社
〒151-0071 東京都渋谷区本町6-9-15
https://sumire-shobo.com/
info@sumire-shobo.com〔お問い合わせ〕

印刷・製本
中央精版印刷株式会社

©Toka
ISBN978-4-909957-04-7 Printed in Japan
NDC148 236p 20cm